AF552962

लक्ष्य
Aim

Personality Development
व Self Help की लोकप्रिय पुस्तकें

लक्ष्य
Aim

उच्चतम लक्ष्य प्राप्ति के Gloden Rules

प्रो. पी.के. आर्य

प्रकाशक • **प्रभात प्रकाशन प्रा. लि.**
4/19 आसफ अली रोड,
नई दिल्ली–110002
सर्वाधिकार • सुरक्षित
संस्करण • 2024
मूल्य • दो सौ पचास रुपए
मुद्रक • नरुला प्रिंटर्स, दिल्ली

LAKSHYA (Aim) *by* Prof. P.K. Arya
Published by Prabhat Prakashan Pvt. Ltd.,
4/19 Asaf Ali Road, New Delhi-2
e-mail: prabhatbooks@gmail.com
ISBN 978-93-5048-438-8 ₹ 250.00

विषय-सूची

इच्छा शक्ति के लिए 7 गुरुमंत्र

1. लक्ष्य प्राप्ति के लिए पहला गुरुमंत्र :
लक्ष्य की स्पष्टता 8

2. लक्ष्य प्राप्ति के लिए दूसरा गुरुमंत्र :
सफलता के लिए लक्ष्य 20

3. लक्ष्य प्राप्ति के लिए तीसरा गुरुमंत्र :
कष्ट से सँवरता है लक्ष्य 32

4. लक्ष्य प्राप्ति के लिए चौथा गुरुमंत्र :
लक्ष्य शक्ति का परिष्कार 42

5. लक्ष्य प्राप्ति के लिए पाँचवाँ गुरुमंत्र :
लक्ष्य के प्रति धुन 54

6. लक्ष्य प्राप्ति के लिए छठा गुरुमंत्र :
साहस से पूरे होते हैं लक्ष्य 60

7. लक्ष्य प्राप्ति के लिए सातवाँ गुरुमंत्र :
कर्म से पाएँ परम लक्ष्य 70

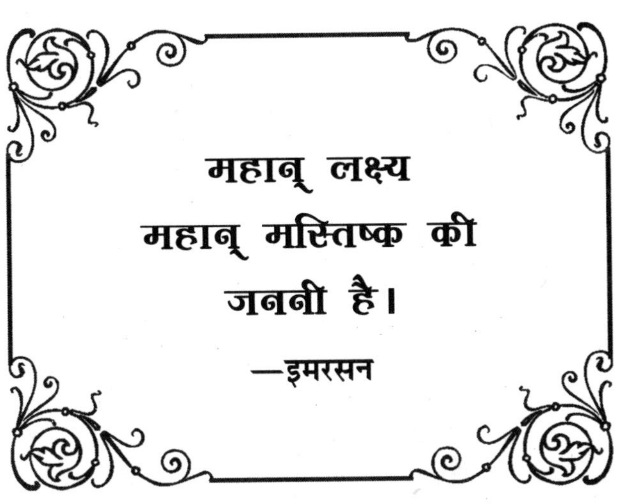

महान् लक्ष्य
महान् मस्तिष्क की
जननी है।

—इमरसन

1

लक्ष्य की स्पष्टता

प्रणवो धनुः शरो ह्यात्मा ब्रह्म तल्लक्ष्यमुच्यते।
अप्रमत्तेन वेद्धव्यं शरवत्तन्मयो भवेत्॥

ओंकार ही धनुष है, आत्मा ही बाण है और परब्रह्म परमेश्वर ही उसका लक्ष्य है। वह प्रमाद रहित मनुष्य द्वारा ही बींधे जाने योग्य है। अतः उसे बेधकर बाण की भाँति उस लक्ष्य में तन्मय हो जाना चाहिए।

—महर्षि अंगिरा

कोई भी कार्य अनौपचारिक रूप से प्रारंभ करने और किसी बिजनेसमैन की तरह पूरा वक्त और ताकत

लगाकर काम किए जाने के बीच बहुत बड़ी दूरी दिखाई दे सकती है। परंतु वास्तविकता यह है कि जीवन-निर्माण का काम शुरू करना सर्वाधिक महत्त्वपूर्ण कदम है, किसी शायर ने लिखा है—

'मैं अकेला ही चला था, जानिबे मंजिल मगर
लोग साथ आते गए, और कारवाँ बनता गया।'

एक बार काम शुरू कर देने पर आप इतने रोमांचित हो उठेंगे कि आपको लगेगा आप सफलता के शिखर पर पहुँच ही गए हैं। यह भी सत्य है कि हमें मनपसंद काम शुरू कर देने से जितनी प्रसन्नता मिलती है, उतनी उसके परिणाम से नहीं।

सफलता की यात्रा अनवरत विकास क्रम से जुड़ी है। किसी भी बड़े सफर की शुरुआत पहले कदम से ही होती है। जिन लोगों ने अपने सपने को साकार करने की दिशा में प्रगति की है, वे जानते हैं कि शुरुआती दिनों में छोटी-छोटी उपलब्धियाँ भी कितनी बड़ी ऊर्जा का काम करती थीं।

एक-एक सफलता को जोड़कर हम ऐसा सेतु निर्मित कर लेते हैं जिस पर हमारी प्रगति का रथ फिर बिना रुके दौड़ता ही चला जाता है।

काम शुरू करने के बाद जल्द ही हम एक चीज से दूसरी चीज पर पहुँचने लगते हैं। लोगों से हमारे संपर्क का दायरा विस्तृत होता जाता है। हम उन चीजों के बारे में जानने लगते हैं जिनसे हम आज तक अनभिज्ञ थे। जल्द ही हम ऐसे अवसरों को जानने लगते हैं जो हमें हमारे लक्ष्यों के बहुत नजदीक ले जाते हैं। ध्यान रखिए हमें जो अवसर मिलते हैं उनमें से ज्यादातर संयोगवश होते हैं, परंतु ऐसे संयोग उन्हीं लोगों को प्राप्त होते हैं जो जाल फैलाकर बाहर खड़े रहते हैं। ऐसे मौके उन लोगों की किस्मत में नहीं होते जो दरवाजे बंद कर घरों में बैठे रहते हैं और खयाली पुलाव पकाते रहते हैं।

समुद्र के किनारे बहुमूल्य मोती पाने की इच्छा करना बेमानी है, उसके लिए हमें समुद्र की गहराई में उतरना होगा जो जोखिम व उपलब्धि दोनों से भरा है।

जो दादी अम्मा मनोरंजन के क्षेत्र में जाने की इच्छुक थीं, उनका परिचय एक ऐसे रेडियो अधिकारी से हुआ जो उनके पड़ोस में ही रहता था। उस व्यक्ति ने नमूने के तौर पर रेडियों के कार्यक्रम तैयार करने में दादी माँ की मदद की और कुछ समय बाद ही वह रेडियो कार्यक्रमों में खूब व्यस्त रहने लगीं।

जो आदमी आज उधार का कैमरा माँग कर अपने घर

में फिल्म बनाने का अभ्यास कर रहा है, कल जरूरत पड़ने पर उसके पास अनुभव की इतनी पूँजी होगी कि वह स्थानीय व्यापारियों के लिए व्यावसायिक फिल्मों का निर्माण कर सकता है। हमारे समाज में कुछ लोग ऐसे होते हैं जो पहले लक्ष्य निर्धारित करके काम करना पसंद करते हैं, जिसके बारे में उन्होंने कभी कल्पना भी नहीं की थी। ये भी हो सकता है कि जब आप विधिवत रूप से कोई काम शुरू करना चाहें। जब केवल अपने लिए काम करते रहना पर्याप्त न हो और आप किसी विशिष्ट क्षेत्र में कोई महत्त्वपूर्ण काम करने की इच्छा रखते हों, हो सकता है कि आप कोई खोज या शोध कार्य करना चाहते हों। ऐसी स्थिति में आपके द्वारा अब तक का अर्जित अनुभव बहुत मायने रखता है। आपके द्वारा अर्जित ज्ञान आपके बहुत काम आएगा। जहाँ आप प्रवेश लेना चाहेंगे वहाँ के व्यक्ति आपको अब तक के काम और अनुभव को देखते हुए यह समझा पाएँगे कि आपकी रुचि वस्तुतः उस क्षेत्र में है और उन्हें आपका चयन करने में सुविधा रहेगी।

हराइए कठिनाइयों को

अचानक अथवा बिना परिश्रम किए मिलने वाली विजय कोई महत्त्व नहीं रखती। हम उसका मूल्य नहीं जान पाते।

जबकि वह विजय आनंददायक होती है, जो खूब लड़ने से प्राप्त होती है। मनुष्य की बल-वृद्धि इच्छा शक्ति के उस संघर्ष का फल है, जिसमें कठिनाइयों का मुकाबला करना पड़ता है। हम इसे प्रयत्न भी कह सकते हैं। कैसे मजे की बात है कि कोशिश से असंभव भी संभव हो जाता है। उत्तम मस्तिक का चिह्न उसकी कर्तव्यनिष्ठा है, जो सब प्रकार के परिवर्तन होने पर भी कभी नहीं बदलती बल्कि कठिनाइयों का सामना करती हुई अपने ध्येय को प्राप्त करती है। छोटी मस्तिष्क क्षमताएँ आपत्तियों से दब जाती हैं, जबकि बड़ी मस्तिष्क क्षमताएँ आपत्तियों पर विजय प्राप्त कर लेती हैं।

घात-प्रतिघात से मुठभेड़ करके जिस किसी व्यक्ति ने महत्त्व प्राप्त किया है, वही सच्चे यश को भोगता है। महत्त्वपूर्ण बनने के लिए कोई शाही सड़क नहीं है। किसी भी प्रख्यात व्यक्ति का जीवन-चरित्र पढ़ें, उसने अनेक कठिनाइयों को पार करके ही अपना मार्ग प्रशस्त किया है।

एलिजाबेथ ब्लैकवेल भी इसी श्रृंखला में सम्मानीय महिला के रूप में जानी जाती हैं जिन्होंने गरीबी की चुनौती का डटकर मुकाबला किया। वे पहली महिला डॉक्टर थीं। अतः उन्हें अत्यधिक असफलता एवं घोर विरोध का शिकार होना पड़ा। वे न्यूयॉर्क के जेनेवा विद्यालय में औषधि पाठ्यक्रम (डॉक्टरी) के लिए चयनित की गई थीं। उनका सभी जगह

मजाक उड़ाया गया और बहुत से लोग उनकी मीटिंग का बहिष्कार करके चले गए। उन्हें पंगु बनाने वाले आर्थिक अभाव की समस्या इतनी जटिल थी जो आसानी से हल नहीं की जा सकती थी।

तमाम तरह की परिस्थितियों पर विजय प्राप्त करते हुए सन् 1859 में एलिजाबेथ ऑनर्स के साथ स्नातक बनने में कामयाब रहीं। सर्जन की उपाधि पाने के लिए एलिजाबेथ को समुद्री जहाज द्वारा अटलांटिक महासागर को पार करना पड़ा था। वे मजबूर होकर पेरिस भी गईं क्योंकि अमेरिका के सभी अस्पतालों ने उन्हें उन्हें अपने यहाँ रखने से इनकार कर दिया था। पेरिस में भी उनका अनुरोध ठुकरा दिया गया। एलिजाबेथ ने 'लामेटेलिटे' में धाय का पाठ्यक्रम स्वीकार किया। वे फिर से न्यूयॉर्क वापस गईं लेकिन विपरीत परिस्थितियों ने यहाँ भी उनका साथ नहीं छोड़ा। एलिजाबेथ को गर्ल्स हॉस्टल से निकाल दिया गया। कोई भी व्यक्ति महिला डाक्टर को कमरा किराये पर देने में कतराता था। अपने दृढ़ संकल्प के साथ उन्होंने एक मकान खरीदने के लिए कुछ धन उधार लिया। शीघ्र ही महिला चिकित्सकों में अग्रदूत के रूप में उसकी ख्याति बहुत दूर-दूर तक फैल गई।

सेंट पीट्सबर्ग मेडिकल स्कूल एवं स्वीडन के मेडिकल कालेजों ने उनके लिए अपने द्वार खोल दिए। इंग्लैंड के

रॉयल फ्री हास्पिटल ऑफ मेडिसिन ने एलिजाबेथ ब्लैकवेल के स्वप्न को साकार कर दिया था।

कौन जानता था कि महाराष्ट्र के एक साधारण सरदार का पुत्र शिवाजी आगे चलकर छत्रपति के नाम से प्रसिद्ध होगा। किसे पता था कि एक दिन यही बच्चा इतना बड़ा होगा कि उसका जन्मदिन हिंदू जाति गौरव और श्रद्धा से मनाएगी? शिवाजी 14 वर्ष के हुए, तभी से उनको स्वतंत्र होने की प्रबल इच्छा सताने लगी थी। वे अपनी दृढ़ इच्छा की पूर्ति करने के लिए प्रयत्न करने लगे। पहली कठिनाई उनके सामने यह उपस्थित हुई कि अपने मंतव्य में लगने से उन्हें अपने पिता का भी बुरा बनना पड़ा। परंतु उन्होंने पिता की नाराजगी की कुछ भी परवाह नहीं की और अपनी इच्छा को पूर्ण करने के लिए घात-प्रतिघात सहते हुए स्वतंत्र होने के लिए युद्ध शुरू कर दिया। उन्होंने पहले ही युद्ध में विजयश्री प्राप्त की। फिर क्या था! इच्छा शक्ति बढ़ती ही गई और उसी के सहारे वे आने वाली आपत्तियों को सहते हुए एक के बाद एक विजय प्राप्त करते चले गए और संसार में यह ज्वलंत उदाहरण छोड़ गए कि जो सफलता कठिनाइयों से प्राप्त होती है, वह बहुत महत्त्वपूर्ण और चिरस्थायी होती है। कहाँ शिवाजी और कहाँ मुगल साम्राज्य! परंतु उन्होंने अगणित कठिनाइयों को झेलते हुए उसकी भी

जड़ें हिला दी थीं।

महापुरुष जे.एन. टाटा एक साधारण परिवार में जन्मे थे। उनके बारे में बचपन में एक ज्योतिषी ने भविष्यवाणी की थी कि यह देश-विदेश घूमेगा और धन से घर भर देगा और सातमंजिला मकान बनवाएगा।

गाँव के लोग जब उनके पिता से मिलते थे तब उनसे हँसी-मजाक किया करते थे, कि कहो भाई, इतना धन कहाँ रखोगे और सातमंजिला मकान कहाँ बनाया जाएगा?

जब जे.एन. टाटा गाँव के स्कूल की पढ़ाई समाप्त कर चुके तो उनके पिता मुंबई में एक मकान किराये पर लेकर पुत्र के साथ रहने लगे। होनहार बिरवान के होत चीकने पात। कॉलेज की पढ़ाई समाप्त कर चुकने पर उनके पिता उनको दुकान पर बैठाने लगे।

जमशेद जी टाटा बहुत साहसी थे। जिस काम का विचार करते उसको संलग्नता से पूर्ण करने में लगे रहते। उन्होंने अपने परिश्रम से धीरे-धीरे अपने व्यापार को बढ़ाया। कभी-कभी ऐसा घाटा हुआ कि पैसे-पैसे के लिए मोहताज हो गए। पर वे हिम्मत न हारे। धुन के पक्के रहे और नित नई कठिनाइयों का सामना करते हुए फिर व्यापार शुरू कर दिया। थोड़े दिनों बाद व्यापार में उनको फिर ऐसा घाटा हुआ कि वे दिवालिया हो गए और अपना सामान तक बेच डाला।

परंतु फिर भी उन्होंने अपना साहस नहीं छोड़ा और धीरे-धीरे फिर व्यापार शुरू किया। इतने प्रतिघातों को सहन करने पर सफलता मिलने लगी। इतनी मुसीबतें सहने के बाद टाटा ने वह प्रसिद्धि पाई जो भारत में सदा अमर रहेगी।

विचारों का प्रभाव

विभिन्न शोधों के बाद मनोवैज्ञानिकों ने यह सिद्ध कर दिया है कि विपरीत परिस्थितियों, शारीरिक रोगों तथा समस्याओं का हमारे जीवन पर उतना प्रभाव नहीं पड़ता जितना कि हमारे स्वयं के विचारों का। यदि हम एक बार ठान लें और उसी के अनुसार कार्य सुनिश्चित करें तो निश्चित रूप से सफलता मिलेगी लेकिन इसके लिए मन पर काबू करना बहुत जरूरी है।

सामान्यत: लोग दो तरह से अपना जीवन व्यतीत करते हैं। एक जो मन चाहता है उसके मुताबिक काम करते हैं और दूसरे जो निश्चित करते हैं मन वही करता है। इससें पहले वाले लोगों की जिंदगी हताशा, निराशा व कामयाबी के बीच झूलती रहती है जबकि दूसरे श्रेणी के व्यक्ति अपने लक्ष्य को अर्जित करने में सफल रहते हैं। आत्मनियंत्रण के अभाव में परिश्रम, योग्यता तथा हमारी शिक्षा-दीक्षा सब व्यर्थ चले जाते हैं। जिन लोगों का मन नियंत्रित नहीं है, वे गुमराह

होकर भटकते रहते हैं। ऐसे व्यक्ति आज को या तो कल के लिए टालते रहते हैं और अंततः अपने लक्ष्य से भटक जाते हैं। खुद पर काबू करना कोई आसान काम नहीं है। लेकिन थोड़े से परिश्रम व लगातार कोशिशों से इस पर काबू पाया जा सकता है। स्वयं को नियंत्रित करने में यदि आप एक बार सफल हो जाते हैं तो फिर बड़ी-से-बड़ी अड़चनें भी आपको आपके लक्ष्य से डिगा नहीं पाएँगी।

अब्राहम लिंकन कहा करते थे कि 'आत्म संयम के गुण इतने प्रभावशाली होते हैं कि उसके सामने सभी गुण फीके पड़ जाते हैं। निष्कर्ष है कि अगर आप जीवन में सफलता प्राप्त करना चाहते हैं तो आपको अपने मन पर नियंत्रण करने की कला में पारंगत होना जरूरी है। मन की चंचलता को काबू करके हम बड़ी-से-बड़ी बाधाओं को जीत सकते हैं। ध्यान रखिए जो खुद पर शासन कर सकता है, वह पूरी दुनिया पर शासन कर सकता है।

□

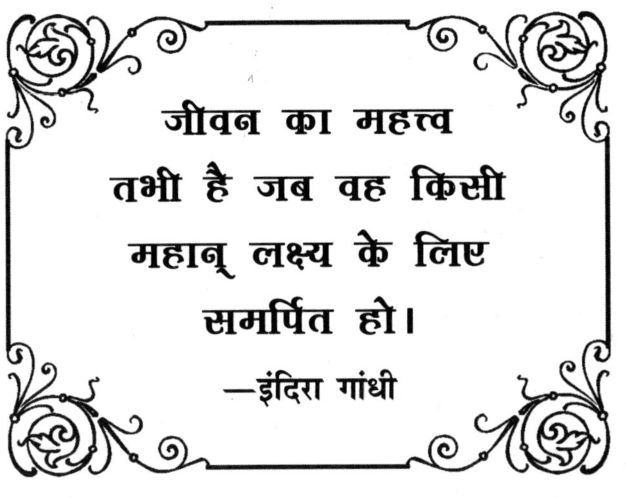
जीवन का महत्त्व
तभी है जब वह किसी
महान् लक्ष्य के लिए
समर्पित हो।
—इंदिरा गांधी

2

सफलता के लिए लक्ष्य

आरोहणमाक्रमणमं जीवतो जीवतो यनम्
उन्नत होना और सफलता के लिए आगे बढ़ना प्रत्येक जीव का लक्ष्य है।

—अथर्ववेद

मत-मतांतरों के झगड़ों को छोड़ दीजिए। इस पुस्तक में हमें धार्मिक विचार पर विवेचना नहीं करनी है। हमें तो यहाँ केवल यह सिद्धांत प्रतिपादित करना है कि कठिनाइयों से सफलता प्राप्त होती है और वह सफलता औरों के लिए उदाहरण बन जाती है।

स्वामी दयानंद सरस्वती के ज्ञान का भारत को यह लाभ

हुआ कि उन्होंने और उनके अनुयायियों ने कई कॉलेज, स्कूल और अनाथालयों का निर्माण किया। परंतु स्वामी जी को भी जीवन में सदा आपत्तियों का सामना करते रहना पड़ा। बाल्यावस्था में ही वैराग्य हो जाने के कारण वे घर से भाग निकले। सत्य की खोज में बड़ी-बड़ी कठिनाइयाँ सहन करते हुए जगह-जगह घूमते रहे। अंत में स्वामी विरजानंद के पास मथुरा पहुँचे। उन्हीं के पास रहकर वेदों की पढ़ाई शुरू कर दी। थोड़े ही दिनों में वे गुरु विरजानंद के कृपा पात्र शिष्य हो गए। ढाई वर्ष में ही वेदों की पढ़ाई समाप्त कर चुकने पर उन्होंने गुरु विरजानंद से देशाटन के लिए आज्ञा माँगी।

गुरु महाराज ने आज्ञा देते हुए गुरु दक्षिणा में अपने शिष्य से यही माँगा कि 'जाओ, देश का उद्धार करो।' बाल ब्रह्मचारी, योगिराज दयानंद रात-दिन भारत के उत्थान की चिंता करने लगे। उन्हें अपने सत्य के प्रचार में बहुत-बहुत आपत्तियाँ झेलनी पड़ीं, वे विरोधियों की परवाह न कर अपने ध्येय में लगे रहे। परिणाम यह हुआ कि आज संसार के प्राय: सभी प्रसिद्ध देशों में आर्य समाज की शाखा विद्यमान है। स्वामी जी के पास न धन था और न सेना थी; वे अकेले अपने मत के प्रतिपादन में डटे तथा अनेक प्रतिघातों को सहन करते रहे और अंत में उन्होंने चिरस्थायी सफलता प्राप्त की।

रानाडे ने भारत की उन्नति में उस समय प्रयत्न किया,

जिस समय लोग घोर अंधकार में फँसे हुए थे। महादेव रानाडे के पिता साधारण स्थिति के मनुष्य थे। महादेव रानाडे बचपन में प्रायः बहुत सुस्त रहा करते थे। उनकी उदासी के कारण उनकी माँ बहुत दुःखी रहा करती थीं। गाँव के स्कूल की पढ़ाई समाप्त कर चुकने पर रानाडे 14 वर्ष की अवस्था में मुंबई, अंग्रेजी पढ़ने हेतु भेज दिये गए। कुछ वर्षों के प्रयत्न के बाद उन्होंने एम.ए. परीक्षा में प्रथम स्थान प्राप्त किया। इतिहास में बहुत अच्छे नंबर पाने के कारण उनको स्वर्ण पदक प्राप्त हुआ। फिर उन्होंने एल-एल.बी. की परीक्षा पास की, जिसमें उन्हें मुंबई विश्वविद्यालय की ओर से 400 रु. की पुस्तकें उपहार में दी गईं और 300 रु. की कीमत की एक सोने की घड़ी भी उन्हें दी गई। जब मुंबई सरकार ने 'कृषक-दुःख निवारण' कानून बनाने के लिए समिति बनाई तो महादेव रानाडे को उसका न्यायाधीश नियुक्त किया उस समय उनकी तनख्वाह कितनी थी 1433 रुपये।

किसे गुमान था कि वही रानाडे, जो बचपन में सुस्त बैठे रहते थे तथा जिनको सुस्त देखकर उनकी माता दुःखी रहती थीं, एक दिन जीवन में इतनी सफलता प्राप्त करेंगे कि वे 5000 रु. मासिक के पद को जो बड़ौदा के गायकवाड़ सरकार की ओर से उनको दिया गया था, अस्वीकार कर देंगे।

लक्ष्य बनाम लक्ष्मी

इस सूत्र को पुष्टि मिलती है कि जो महान् विभूतियाँ संसार में हुई हैं, उन्होंने गरीब घर में जन्म लिया। उन्हें प्रख्यात होने के लिए ही नहीं, अपने दैनिक खान-पान के लिए भी कठिनाइयाँ और दुःख झेलने पड़े हैं। यह भी कहा जाता है कि लक्ष्मी और सरस्वती दोनों देवियों में बैर होता है। अर्थात् योग्य व्यक्ति के पास धन नहीं होता।

इंगलैंड में अनेक कवि और लेखक हुए हैं और अब तो कहना ही क्या! इतनी पुस्तकें हर साल लिखी और छापी जाती हैं कि उनसे पुस्तकालय और वाचनालय भर गए हैं। परंतु लेखकों और पुस्तकों की भरमार होने पर भी विलियम शेक्सपियर, लॉर्ड टैनिसन, विलियम वर्ड्सवर्थ, मिल्टन, गोल्डस्मिथ और लॉर्ड ब्रायन की रचनाएँ काफी अच्छी समझी जाती हैं तथा उत्साह से पढ़ी जाती हैं। ये सब महापुरुष दुःख और प्रतिघात के शिकार रहे हैं।

जरा गोल्डस्मिथ का जीवन वृत्त सुनिए। चेचक से उनका चेहरा इतना बिगड़ गया था कि बच्चे उनका मजाक उड़ाते थे। जीवन-निर्वाह करने के लिए बाजार में फेरी देने वाले गवैयों के लिए वे छोटे-छोटे गीत लिखकर देते थे। दिन भर में कहीं 4 पैसे इन्हें गीतों की रचना से प्राप्त होते थे। फ्रांस और इटली की यात्रा उन्होंने माँगते-खाते की थी।

काश्तकारों के घरों में जाकर बाँसुरी बजाकर वे भिक्षा माँगा करते थे। 28 वर्ष की उम्र में वे लंदन में पाई-पाई के लिए मोहताज थे और भिखारियों के मोहल्ले में रहते थे। दीनता ने जब बहुत सताया तो वे लंदन के निकटवर्ती स्थानों में चिकित्सा करने लगे। जब वे डॉक्टर बने फिरते थे, तब बाजार से सैकंड हैंड खरीदा हुआ कोट पहनते थे जिसमें फटे हुए स्थानों में जोड़ और पैबंद लगा रखते थे।

जब किसी के घर घुसते तो अपने कोट के फटे हुए स्थान को छिपाने में लगे रहते थे। एक बीमार को इन पर दया आ गई और उसने उन्हें अपना कोट देना चाहा, परंतु उन्होंने मना कर दिया। अपने वस्त्रों को भी उन्हें कई बार रोटियों के लिए गिरवी रखना पड़ता था। इस दीन दशा में भी उन्होंने अपनी लेखन-कला को मरने नहीं दिया।

गोल्डस्मिथ ने अपने 'वाल्टेयर' के जीवन चरित्र को 4 पौंड में बेच डाला। बड़ी कठिनाइयों से उन्होंने अपनी पुस्तक पोलाइट लर्निंग इन यूरोप (Polite learning in Europe) प्रकाशित कराई जिससे वे जनता में प्रख्यात होने लगे। तदनंतर उनका 'यात्री' नामक ग्रंथ छपा, जिससे भिखारियों के मोहल्ले में फटे-पुराने वस्त्र पहनने वाले गोल्ड स्मिथ की कीर्ति शिक्षित समाज में गूँज उठी। एक मकान की मालकिन ने, जिसकी कोठरी में वे किराए पर रहते थे, किराया न देने

पर उनको गिरफ्तार तक करा दिया था और उनके एक मित्र डॉक्टर जॉनसन ने किराया देकर उन्हें छुड़ाया तथा उनकी पुस्तक 'विकार ऑफ वेकफील्ड' (Viecar of Wakefield) की पांडुलिपि उठा लाए। उस पुस्तक को 6 पौंड में बेच कर उन्होंने अपनी रकम की भरपाई की।

अपने प्रख्यात काव्य डिजर्टेड विलेज (Deserted Village) को गोल्डस्मिथ ने दो वर्ष तक अपने पास रखा और उसको दोहरा-दोहरा कर उसमें सुधार करते रहे। यह काव्य भारत में भी हाई स्कूल के पाठ्यक्रम में बहुधा पढ़ाया जाता रहा है। इसका हिंदी अनुवाद पंडित श्रीधर पाठक (प्रयाग) ने किया था।

आत्म-गौरव, घमंड और अनाप-शनाप खर्च करने के कारण गोल्डस्मिथ ज्यादातर कर्जे से दबे रहते थे, हालाँकि उनके एक ग्रंथ हिस्ट्री ऑफ द अर्थ एंड एनिमेटेड नेचर (History of the earth and animated nature) के लिए उन्हें 800 पौंड मिले थे और उनकी दूसरी रचना शी स्टूप्स कंक्वर (She Stoops to Conqure) की बिक्री बहुतायत से हुई थी। इतने घात-प्रतिघात, दारिद्रय और विपत्ति का सामना करके भी वे सफल और प्रख्यात हो गए। उनकी गणना उच्च श्रेणी के लेखकों में हुई और उनका शव 'वेस्ट मिनिस्टर एबी' जहाँ महापुरुषों के शव दफनाए जाते हैं, में दफनाया गया।

विलियम शेक्सपियर का जीवन भी अवरोधों से भरा रहा। उन्हें भी सफलता मिली। उनका जन्म स्ट्रेटफोर्ड आन एवन नामक एक साधारण बस्ती में हुआ था। महारानी एलिजाबेथ उस समय इंगलैंड की रानी थीं। लड़कपन में शेक्सपियर को एक बार हिरन के शिकार की सूझी। हिरन मारते समय वे पकड़ लिए गए। जिस व्यक्ति के शिकारगाह से उन्होंने हिरन की चोरी की थी, उसने उनको दंड दिया। शेक्सपियर ने क्रोध में आकर उसकी बुराई में कुछ तुकबंदियाँ लिख डालीं, जिससे उसकी नाराजगी और भी बढ़ गई।

शेक्सपियर वहाँ से लंदन भाग गए और एक थियेटर में उन्होंने साधारण नौकरी कर ली। साधारण नौकरी करते-करते उन्होंने नाटक लिखना आरंभ कर दिया। लिखते-लिखते नाटक रचना में वे ऐसे प्रवीण हुए कि उनके नाटक अत्यंत प्रशंसनीय समझे जाने लगे। उनकी ख्याति महारानी एलिजाबेथ तक पहुँच गई। आरंभ में उन्होंने अपने नाटक बहुत सस्ते दामों में बेचे थे। परंतु फिर भी उनके नाटकों का प्रचार हुआ तो ऐसा हुआ कि एक बृहत् नाटक-मंडली उन्हीं के नाटक खोजने के लिए बन गई।

आज इस संसार में ऐसी कोई भाषा नहीं हैं, जिसमें उनके प्रमुख नाटकों का अनुवाद न हुआ हो और संसार में कोई ऐसा देश ही नहीं हैं कि जहाँ उनके नाटक न खेले

जाते हों। नाटक रचना में वे इस तर्क-कुतर्क के समय में भी अद्वितीय समझते जाते हैं। अंग्रेजी भाषा पर तो उनके काव्य और उदाहरणों की ऐसी कुछ मोहर लग गई है कि उनके लिखे हुए वाक्य और पद हर प्रकार की लिखा-पढ़ी में प्रयुक्त होते हैं।

उन्होंने कुल 22 नाटक लिखे और वे ऐसे प्रासंगिक और चित्ताकर्षक हैं कि उनके भाषांतर भी रोचक हो जाते हैं। भारत के विद्वानों ने शेक्सपियर की तुलना महाकवि कालीदास से की है। यह किसको मालूम था कि हिरन चुराने वाला स्ट्रेटफोर्ड आन एवन में जन्मा हुआ बालक कठिनाइयों को पार करता हुआ संसार का महाकवि हो जाएगा और संसार को अपना काव्य स्वरूप बहुमूल्य धन सदा के लिए दे जाएगा।

महाकवि मिल्टन ने भी अपने महाकाव्य पैराडाइज लॉस्ट (Paradise Lost) और पैराडाइज रिगेंड (Paradise Regained) उस समय नहीं लिखे थे, जब क्राम्बल के समय में वे राजनीतिक और शारीरिक रूप से शक्तिमान थे, बल्कि उन्होंने तब इन ग्रंथों को लिखा था, जब वे बुढ़ापे और रुग्णावस्था के कारण बहुत अशक्त हो गए थे और उनके राजनीतिक समुदाय का पतन हो चुका था।

सँभलकर चलिए

हम जो कुछ जानते हैं यदि उसका अभ्यास करते हैं तो उससे हमारी ज्ञानवृद्धि होती है। सावधानी से प्रतीक्षा करने वाले को लाभ अवश्य होता है। दौड़ने वाले फिसल पड़ते हैं, परंतु सँभलकर चलने वाले शीघ्र पहुँच जाते हैं।

हमारी युवा पीढ़ी एक ही दिन में सर्वगुणसंपन्न होकर मालामाल होना चाहती है। इस संपूर्णता के लिए बहुत धैर्य और समय की आवश्यकता है। अब तक तो पढ़ते रहे, अब प्रतीक्षा करें? यह प्रश्न अधिकांश युवाओं के मुँह पर रहता है। सब लोग यह चाहते हैं कि झटपट पढ़ाई खत्म हो, झटपट अच्छी नौकरी या व्यवसाय मिल जाए, जिससे झटपट धनवान हो जाएँ। याद रखिए—

'माली सींचे सौ घड़ा, पर ऋतु आए फल होय।'

महाकवि वड्र्सवर्थ से एक बार एक महिला ने कहा कि 'एक कविता लिखने में उसे छह घंटे लगे।' वड्र्सवर्थ का जबाव था कि 'वे उस कविता को लिखने में छह सप्ताह लगाते।'

आधुनिक युग में हमें शीघ्रता से कार्य संपन्न करने के लिए टेक्नोलॉजी का लाभ मिला है। आधुनिक युग के लाखों प्रकार के यंत्रों से हमारे समय और श्रम में बड़ी बचत हो गई

है। आज से दो हजार वर्ष पहले ये सुविधाएँ कहाँ थीं? परंतु इतनी सुविधाएँ होने पर भी अधैर्य और शीघ्रता के मारे हम सब परेशान हैं। इस उतावलेपन से जरा उस धैर्य और संलग्नता की तुलना करें जब व्याकरण पढ़ने में 12 वर्ष लगते थे।

आगरा के ताजमहल को देखकर, बादशाह शाहजहाँ के धैर्य, प्रतीक्षा और कार्यतत्परता की प्रशंसा करनी चाहिए कि रेल, तार, मोटर, पक्की सड़क की सुविधा न होने पर भी बैलगाड़ियों द्वारा पत्थर लाए गए और उनसे ताजमहल बनाया गया। ताजमहल के सौंदर्य के साथ उसकी सुदृढ़ता की ओर भी ध्यान दीजिए और सोचिए कि आजकल की दौड़-धूप से जो मकान बनाए जाते हैं, उनसे वह मजबूत है या नहीं?

□

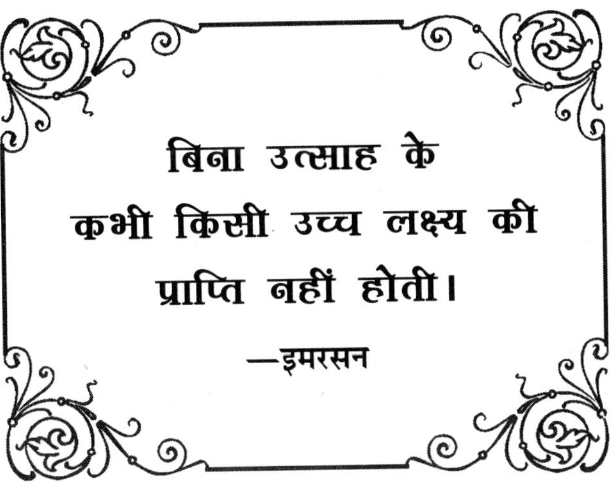

बिना उत्साह के
कभी किसी उच्च लक्ष्य की
प्राप्ति नहीं होती।

—इमरसन

3

कष्ट से सँवरता है लक्ष्य

अपने जीवन का एक लक्ष्य बनाओ और इसके बाद अपना सारा शारीरिक और मानसिक बल, जो ईश्वर ने तुम्हें दिया है, उसमें लगा दो।

—कार्लाइल

जितने महाकवि और लेखक हुए हैं, उन सबके जीवन कष्ट में व्यतीत हुए हैं। प्रकृति ने उनकी क्षमता और मस्तिष्क शक्ति की परीक्षा ली है। सैमुअल जॉनसन, डैंटे इमर्सन (अमेरिकी), डेविड लीविंगस्टोन, जॉर्ज इलियट, फारलाइफ जोला, जे.एन. स्ब्रक्स, अधी फेनी क्रासबाई (अमेरिकी), जे.आर. ग्रीन, शिलर, राजरेकन, बेन जॉन्सन,

जॉड ब्रायन आदि जितने भी अच्छे लेखक या कवि हुए हैं, सब ही दीन दशा में जन्मे और कष्टों में पले-बढ़े हैं।

इन सबको किसी-न-किसी प्रकार की घोर विपत्ति का लगातार सामना करना पड़ा है तथा सफलता प्राप्त करने में अनेक प्रकार के कष्ट झेलने पड़े हैं। दूसरे शब्दों में कहें तो श्रम और कठिनाई वास्तविक कामयाब जीवन के अंग-प्रत्यंग हैं।

हमारे देश के महान समाज सुधारक कबीर आदि के जीवन चरित्र को पढ़ने से हम इसी निष्कर्ष पर पहुँचते हैं कि सच्चा और चिरस्थायी महत्त्व दीनता और कष्ट में ही छिपा है।

प्रत्येक व्यवसाय के प्रमुख नेता, ज्ञान-विज्ञान के आविष्कारक दुख भरे जीवन में प्रगति करके ही सफलता को प्राप्त हुए हैं। उनके पास पर्याप्त सामग्री और साधन न थे, खाने-पीने और पहनने के लिए वस्त्रों की जरूरत को पूरा करने के लिए भी उन्हें दुःख उठाने पड़े।

सर आइजक न्यूटन, जिन्होंने आकर्षण शक्ति के सिद्धांत की खोज की, वाष्प से चलने वाले इंजन का आविष्कारक जेम्सवाट, वस्तुओं की अंतर्गत उष्णता का पता लगाने वाले डाक्टर ब्लैक, हम्फ्री डेवी और फैराडे जिन्होंने विद्युत के सिद्धांत दिए, मारक्विस वोरसेस्टर (Marquis of Woresester)

जिन्होंने कारावास में वाष्प के सिद्धांत पर अनुभव प्राप्त किया और जिन्होंने कैद से छुटकारा पाने पर 'आविष्कारों की शताब्दी' नामक पुस्तक लिखी, इलीह वाश वर्म, जो अमेरिका में राज्य-कोष के संरक्षक हुए।

बाल्यावस्था में फटे पायजामे में पिन लगाकर काम चलाने वाले गारफील्ड बाद में अमेरिका की राज्य परिषद के प्रेसीडेंट बने। माइकल एंजेलो, जिन्होंने पत्थर की मूर्तियाँ बनाकर अपने आपको अमर किया, आर्क राइट जो बचपन में हजामत बनाने का काम करते थे और मरते समय करोड़ों की संपत्ति छोड़ गए। विलियम मर्डोक जिन्होंने 18वीं शताब्दी के अंत में कोयले की गैस को नलों द्वारा ले जाकर प्रकाश का आविष्कार किया, गैलीलियो जिन्होंने आकाश के दूरस्थ तारों की खोज की, अंधे हेनरी फास्ट जिनको इंग्लैंड के मंत्री ग्लैडस्टन ने पोस्ट मास्टर जनरल नियुक्त किया, विलियम मिलवर्न जो बाल्यावस्था से अंधे थे और जो बाद में अमेरिका के कांग्रेस से चेपलेन (धर्म-गुरु) नियुक्त हुए, चांसी जिन्होंने अपना बचपन और युवावस्था पेड़ों के काटने और बढ़ई के कार्य में व्यतीत की और जो बाद में पीतल के घंटे बनाकर 600 पाउंड प्रति दिन पैदा करने लगे, ये सब लोग अत्यंत कष्ट उठाकर सफल हुए।

संघर्ष और भी निखारता है

आप ही बताइए कि कड़े संघर्ष और कष्टों का सामना करते हुए सफलता प्राप्त करना श्रेष्ठतर है या दूसरों द्वारा उत्पन्न किए हुए धन से या सिफारिश से प्राप्त किए हुए पद से या पैतृक संपत्ति के सहारे उच्चपद और आमोद-प्रमोद का सामान एकत्रित करना अच्छा है?

शायद ईश्वर की यही इच्छा है कि अच्छे कार्य के संपादन के लिए कुछ वास्तविक पुरस्कार नहीं मिलता। महाकवि शेक्सपियर के हेमलेट नामक नाटकों के लिए उन्हें स्वयं को तो 5 पौंड मिले थे और उनकी मृत्यु के बाद उनका जीवन चरित्र एक हजार पौंड में बिका।

भारत के कथा सम्राट मुंशी प्रेमचंद मुफलिसी में मिट्टी के तेल की डिबिया में धुएँ से भरी कोठरी में साहित्य गढ़ते रहे और उनके कथा संग्रह छापकर प्रकाशकों के वारे-न्यारे हो गए।

जितने बड़े-बड़े प्रशंसनीय और आश्चर्यजनक कार्य दिखाई देते हैं, वे सब संलग्नता की न थकने वाली शक्ति के प्रतीक हैं। इसी शक्ति द्वारा खान से निकले हुए एक-एक पत्थर के जोड़ने से एक अत्यंत उन्नत मीनार बन जाती है। दूर-दूर के देशों के मध्य में जो नहरें बनवाई जाती हैं। वे एक-दूसरे से संबद्ध हो जाती हैं।

अफ्रीका की स्वेज़ केनाल (नहर) अथक परिश्रम का ज्वलंत उदाहरण है। जिस किसी ने मीनार या नहर बनाने के लिए पहली बार फावड़ा या हथौड़ा चलाया होगा, उससे जो थोड़ी सी मिट्टी खुदी होगी या पत्थर का टुकड़ा उखड़ा होगा उसकी और संपूर्ण निर्मित मीनार या नहर की क्या तुलना हो सकती है? पहाड़ी जगह को मैदान बना दिया जाता है, जल की जगह थल कर दिया जाता है, ये सब कार्य धैर्य, संलग्नता और इच्छा शक्ति से होते हैं।

के.ए. अब्बास की फिल्म 'लव एंड गॉड' को बनाते-बनाते चार निदेशक भगवान को प्यारे हो गए तब कहीं जाकर वो पूरी हो सकी।

खूबसूरत 'ताजमहल' को बनाने वाले कारीगरों को यह इनाम मिला कि उनके हाथ काट दिए गए ताकि वे फिर कभी, कहीं और ऐसी अद्भुत कृति न बना दें। भला सम्राटों की बेवकूफी का कोई ठिकाना है?

अवसरों की प्रतीक्षा

महान् पुरुष बहुत अच्छे अवसरों की प्रतीक्षा नहीं करते, जरा भी अनुकूल अवसर आने पर वे उसे अपने अनुसार बना लेते हैं। उनको विशेष सामग्री की जरूरत नहीं होती है, जो साधारण सामग्री उन्हें मिल जाती है, उसी से वे अपना

काम कर डालते हैं। बेंजामिन फ्रेंकलिन ने बिजली का सिद्धांत पतंग उड़ाने से ही ढूँढ़ निकाला था।

डॉक्टर जे.सी. बोस ने वनस्पति शास्त्र में वृक्षों और पौधों के श्वास लेने के सिद्धांत को प्रमाणित करने के लिए साधारण बढ़इयों से ही यंत्र बनवा दिए थे। संगमरमर के 10-15 मन बोझ की कोई विशेष कीमत नहीं लगती और उसकी तराशी के लिए जो लोहे के 5 या 7 औजार होते हैं, उनके कोई विशेष दाम भी नहीं लगते। परंतु आप हम सब उससे एक जीती जागती मूर्ति का निर्माण नहीं कर सकते। माइकल एंजिलो या महातरे की सी हममें मूर्ति बनाने की न इच्छा है और न संलग्नता है। इसी कमी के कारण हम उस पत्थर की वैसी श्रेष्ठ मूर्ति नहीं बना सकते।

जितने भी आविष्कारक हुए हैं उन्होंने जो आविष्कार किए हैं, उनके लिए उनके पास पर्याप्त सामग्री नहीं थी। साधारण वस्तुओं के प्रयोग से ही उन्होंने गंभीर सिद्धांत खोज निकाले। अंतर केवल इतना ही है कि उनके जैसी संलग्नता और इच्छा शक्ति हमारे पास नहीं है। ऐसा कोई सिद्धांत नहीं है, जिसके सार्वजनिक मनन के लिए उनको खोज निकालने वाले को कष्ट, निंदा और विरोध न झेलना पड़ा हो। संसार का नियम है कि जहाँ किसी ने नई बात की या नया कथन किया तो उसका विरोध होने लगता है। बुरे या साधारण मनुष्य

नई बात का विरोध करें तो उसमें आश्चर्य ही क्या है, किंतु ज्ञानी और विद्वान लोग भी उनका विरोध करने लग जाते हैं।

महानता का विरोध

जिस समय इंग्लैंड में वाष्प से चलने वाले जहाज जल सेना में शामिल करने की चर्चा चल रही थी और यह प्रस्ताव हाउस आफ कॉमंस में रखा गया, तब बहुत बड़े-बड़े आदमियों ने इसका तीव्र विरोध किया। यहाँ तक कि सर चार्ल्स नेपियर जैसे नामी व्यक्ति ने तो इस प्रस्ताव का खंडन करते हुए यहाँ तक कह डाला कि 'जब हम बादशाह की जल-सेना में भर्ती होते हैं, उस समय लड़ाई से नहीं डरते अपने शरीर के टुकड़े-टुकड़े कराने के लिए तैयार होकर जाते हैं, गोलियों से बेधे जाने के लिए कटिबद्ध रहते हैं, परंतु हम जीते-जागते भाप से उबाले जाकर मरने के लिए तैयार नहीं हैं। सर चार्ल्स नेपियर जैसे बुद्धिमान को भी यह भय था कि आलू की तरह व्यक्ति भाप में जीते जी उबाल न दिये जाएँ।

मध्य प्रदेश के कुचवाड़ा ग्राम में जन्मे रजनीश चंद्र मोहन जैन से आचार्य रजनीश तथा भगवान रजनीश व अंततः ओशो के रूप में विख्यात महा आत्मा, बीसवीं सदी के सबसे ज्यादा चर्चित एवं विवादास्पद व्यक्ति बने रहे। अमेरिका की जेलों

में बिना किसी गुनाह के बारह दिन तक तरह-तरह की यातनाएँ भोगने के बाद जब वे वहाँ से मुक्त हुए तो वे इस युग को खतरनाक भी नजर आने लगे। वे सच्ची व अच्छी मनुष्यता को प्रतिष्ठित करने के अपने स्वप्न के साथ इस दुनिया के 64 देशों में कुछ गज जमीन की तलाश में भटकते रहे परंतु कोई भी देश उन्हें अपने यहाँ रखने को राजी नहीं हुआ।

वे मनुष्य को मनुष्य से दूर करने वाली जो भी दीवार है, चाहे वह संप्रदाय की हो, चाहे वह राजनीति की हो, चाहे वह परंपराओं की हो, चाहे वह विचारों की हो, चाहे वह जाति, वर्ग तथा वर्ण की हो, उसे गिराकर एक नये मानव समाज की रचना करना चाहते थे।

ओशो की इच्छा थी कि मनुष्य की आत्मा पर नाम, रूप और उपाधि के जितने भी परदे हैं, जितने भी घूँघट हैं, वे उन सबको उघाड़ फेंकें। वे हमें हमारे शुद्ध, निर्मल, चेतन स्वरूप के दर्शन कराने के हिमायती थे।

ओशो इस तथाकथित समाज को इसलिए भी खतरनाक लगे कि वे सड़ी-गली रूढ़ियों, बेदम परंपराओं तथा झूठे अंध विश्वासों के खिलाफ धर्मयुद्ध का शंख फूँक चुके थे। वे इसलिए भी चुभे कि वे आपकी आपसे मुलाकात कराना चाहते थे। अमेरिका की जेलों मे थेलियम (धीमी गति का विष) देने से बाद उनकी मृत्यु हुई। लेकिन आज तेजी से

बढ़ती उनकी प्रासंगिकता उनके सच्चे व अच्छे होने का प्रतीक है। उन्होंने मनुष्यता के परिष्कार के लिए तथा जीवन के सर्वोच्च आनंद के लिए अपने संपूर्ण अस्तित्व का जो लक्ष्य निर्धारित किया, उसको उन्होंने पा लिया। सच्चाई सिर चढ़कर बोलती है, थोड़ा वक्त बीतने के बाद। आपके लक्ष्य भी पूरे होते हैं, आपके थोड़े इम्तहान के बाद।

□

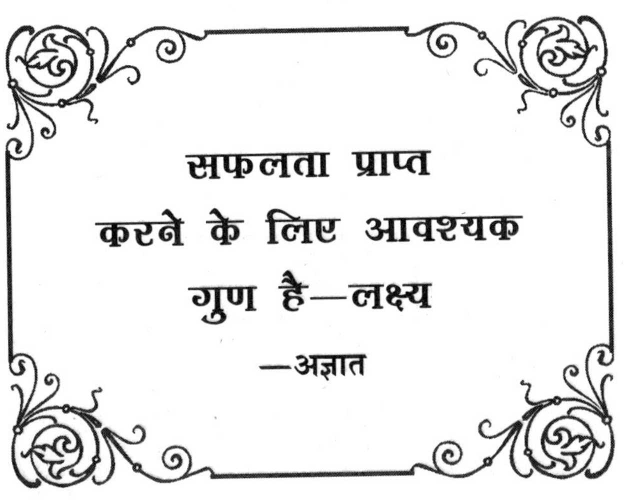

सफलता प्राप्त करने के लिए आवश्यक गुण है—लक्ष्य

—अज्ञात

4

लक्ष्यशक्ति का परिष्कार

मनुष्य देवत्व का अंग और संसार में उसका प्रतिनिधि है। मानव जीवन का अंतिम लक्ष्य अपने देवत्व को पहचानकर उसकी समग्र शक्तियों का समुचित प्रयोग करना है ताकि निर्धारित लक्ष्यों की पूर्ति की जा सके। **—चाणक्य**

जब कुदरत किसी व्यक्ति को कठिनाइयों में डालती है, तब उसके मस्तिष्क की शक्ति को पहले से कई गुना ज्यादा बढ़ा देती है। बहुत से मनुष्यों ने जो जीवन में महत्त्व और उन्नति प्राप्त की है, वह कठिनाइयों से और दुःखों से ग्रस्त होने पर ही की है। सुगंधित द्रव्य, मसाले इत्यादि जब

तोड़े और पीसे जाते हैं तब अपनी सुगंध देते हैं। लहुसन, प्याज, जीरा, सौंफ इत्यादि का अनुभव हम सब लोग प्रतिदिन ही करते हैं। मेहँदी के पत्ते हरे-भरे होते हैं, परंतु जब पीसे जाते हैं और पानी में मिलाए जाते हैं, तभी लाल रंग उत्पन्न करते हैं।

उर्दू के किसी शायर ने क्या खूब कहा है—

'सुर्ख होता है इन्सां आफतें सहने के बाद,
रंग लाती है हिना पत्थर पे घिसे जाने के बाद।'

ज्यों ही मनुष्य पर आपत्ति आती है वह अपने विवेक से काम लेने लगता है। सोना बारंबार तपाए जाने पर ही अपना असली रंग प्रकट करता है। जब तक उसको तेज आँच में तपाया और पिघलाया नहीं जाता, तब तक उसमें आंतरिक मैल लगा रहता है और वह अलग नहीं होता।

सूरदास, मिल्टन और होमर ने नेत्रहीन होने के बावजूद सुंदर काव्यों की रचना की थी। कतिपय महान पुरुषों के शरीर में किसी-न-किसी अंग-प्रत्यंग या कर्णेंद्रिय की हानि प्रकृति इसीलिए, उत्पन्न करती है कि वे अपनी समस्त शक्ति को बहुत से कामों में विभक्त न कर एक ही प्रयोजन में लगा दें।

एडीसन ने एक के बाद एक आविष्कार किए, वे बहरे थे। उन्होंने स्वीकार भी किया कि बहरा होने का उन्हें बड़ा

लाभ हुआ, उन्हें लोगों की बातें कम सुनने के कारण अपने प्रयोगों को करने के लिए अनुकूल समय व वातावरण मिला।

स्वीकृति का मंदिर

स्वीकृति के मंदिर में जाने के लिए कोई खुला द्वार नहीं है। जो उस मंदिर में प्रवेश करना चाहता है, उसे स्वयं ही अपने लिए द्वार बनाना पड़ता है। जब वह अंदर प्रवेश कर चुका है तो वह द्वार फिर बंद हो जाता है। जीवन का यह एक भेद है, जिसको सृष्टिकर्ता के सिवाय मनुष्य नहीं जानता कि कुशाग्र-बुद्धि सदा विरोध में उत्पन्न होती है और कष्टों से उसे सामना करना पड़ता है। संसार का अनुभव यही कहता है कि कुशाग्रबुद्धि लोग-चमकीले प्रासादों में तड़क-भड़क वाले सुसज्जित महलों में, जहाँ किसी भी बात का कष्ट न हो, उत्पन्न नहीं होते और यदि कहीं ऐसा हुआ भी है तो उस कुशाग्रबुद्धि को राग-रंग, महल, मजलिस, आमोद-प्रमोद त्यागने पड़ते हैं।

श्रीराम, महात्मा बुद्ध, महावीर का जीवन चरित्र अपने सामने रख लीजिए, उससे इस सिद्धांत का मर्म ज्ञात हो जाएगा। जितने महान् धर्माचार्य, आविष्कारक राजनीतिज्ञ हुए हैं, उन्हें कष्टों में ही जन्म लेना पड़ा है। आपत्तियों ने सदैव उन्हें घेरे रखा। इतना ही नहीं, किसी-किसी को अपनी जान भी कुर्बान करनी पड़ी।

कितने आश्चर्य की बात है कि महात्मा क्राइस्ट फाँसी पर चढ़ाए गए, जिनका प्रतिपादित धर्म आज करोड़ों स्त्री-पुरुष मानते हैं। सनातन धर्म का पुनरुत्थान करने वाले स्वामी शंकराचार्य का जन्म भी अच्छी दशा में नहीं हुआ था। परंतु आरंभ ही से सनातन धर्म की उन्हें ऐसी लगन लगी कि बड़े-बड़े धर्मज्ञों और पंडितों को उन्होंने परास्त कर दिया और अपने धर्म का प्रतिपादन सजगता के साथ करके दिग्विजयी हो गए। सबसे आश्चर्य की बात यह है कि वे 32वें वर्ष में ही अपना नाम अमर करके चले गए।

दृढ़ इच्छाशक्ति वाले मनुष्य के मार्ग में उसकी रुकावट के लिए यदि बड़े-बड़े पत्थर डाल भी दिए जाएँ तो भी उसकी प्रगति नहीं रुक सकती। वह उन्हें रुकावटें समझेगा ही नहीं, बल्कि उन्हें अपने मार्ग में अच्छे ढंग से जमाकर उन्हें अपनी सड़क या सीढ़ी बना लेगा, जिससे उसकी यात्रा और भी सरल हो जाएगी। ऐसे मनुष्य का यदि धन छीन लिया जाए तो वह पुनः धन कमाने के लिए अधिक परिश्रम करने लगेगा।

जॉन बेनियन जैसे लेखक को यदि कारावास में भी डाल दिया जाए तो उसकी लेखनी चले बिना नहीं रहेगी, बल्कि उसका हृदय संतप्त होने के कारण वह जो कुछ लिखेगा, पहले से भी अच्छा लिखेगा। पं. लोकमान्य तिलक भी अपने माँडले-

जेल प्रवास के समय 'गीता-रहस्य' नामक ग्रंथ लिखकर अमर हो गए।

क्रिस्टोफर कोलंबस ने सन् 1436 में जेनेवा नगर में जन्म लिया था। बचपन से ही भूगोल की पुस्तकें पढ़ने का उसके मन में कुछ ऐसा प्रेम जगा कि 14वें वर्ष में ही पढ़ना-लिखना छोड़कर लिस्बन में जहाज चलाने की नौकरी स्वीकार कर ली।

उस समय यूरोप वालों की यह मान्यता था कि मडिरा और किनारों के द्वीपों के आगे पानी के अतिरिक्त भूमि नहीं है। परंतु भौगोलिक चित्रों से कोलंबस ने पता लगाया कि अटलांटिक महासागर के पश्चिम में और भी द्वीप हैं। उसने पुर्तगाल के महाराज को सहायता के लिए प्रार्थना पत्र भेजा, परंतु वह नामंजूर कर दिया गया। पुतर्गाल के अन्य लोगों ने भी उसकी खूब हँसी उड़ाई।

कोलंबस ने अपने दृढ़ विचार को नहीं छोड़ा। अपने बच्चों व पत्नी सहित उसने सन् 1484 में पुर्तगाल छोड़ दिया और अपने भाई को इंगलैंड के महाराज हेनरी अष्टम के पास सहायतार्थ भेजा। भाई को रास्ते में ही लूट लिया गया और इंगलैंड से उसे कोई मदद नहीं मिली।

अंततः उसने अपना प्रार्थना पत्र स्पेन के राजकुमार को भेजा। उन्होंने उसे जहाज के बेड़े से सहायता दी। कोलंबस

रवाना तो हो गया, परंतु जहाज पर खास वस्तुओं की पर्याप्त सामग्री न होने के कारण उसके साथी भी उससे नाराज हो गए। जहाज पर गदर मच गया, लोग वापस आना चाहते थे, परंतु इसी समय कुछ पक्षी उड़ते हुए दिखाई दिए। जहाज वाले मल्लाहों ने बेंत और पत्ते भी समुद्र पर तैरते देखे। रात्रि का कुछ उजाला भी नजर आने लगा जिससे मल्लाहों को संतोष हुआ। सवेरा होते-होते जहाज टापू के पास पहुँचा। वहाँ के लोगों के लिए जहाज एक नवीन वस्तु थी, जिसे देखकर वे जहाज वालों को अपनाने लगे। कोलंबस ने उनसे मेल बढ़ाया। वहाँ उन लोगों को कपड़े और अनेक वस्तुएँ बाँटी और स्पेन का झंडा वहाँ गाड़ दिया। उन्हेंने टापू का नाम सेस्साल वेडार रखा।

कोलंबस ने उत्तर-पश्चिम की फिर यात्रा की। रास्ते में उसे और भी अनेक द्वीपों का ज्ञान हुआ। 1494 में स्पेन पहुँचकर उसने अपनी समस्त यात्रा का वृत्तांत सबको बताया। महाराज ने बड़ी प्रसन्नता व्यक्त की और कोलंबस को खूब पुरस्कार दिए। कोलंबस ने इस कहावत को खूब चरितार्थ किया कि साहस के दूसरे किनारे पर विजय होती है। यहाँ पर यह स्पष्ट करना जरूरी है कि कठिनाइयों का पुरस्कार मात्र चाँदी और सोना ही नहीं है। प्रयत्न करने से अगर धन मिल जाए तो बड़ा अच्छा है, वरना सफलता और विजय धन से नहीं नापी जा सकतीं।

प्रतिकूलता भी शक्ति है

एक ही जाति के दो वृक्षों को देखो। एक ही प्रकार के दो बीज एक ही क्यारी में बो दिए जाते हैं, वही कुछ दिन बाद बड़े होते हैं। उनमें से एक पौधे को हम एक स्थान पर लगा देते हैं, जहाँ उसको जल, वायु, ऋतु अपने आप ही सहन करना पड़ता है। दूसरे पौधे को हम किसी वाटिका की क्यारी में लगा देते हैं। वहाँ उसको समय-समय पर पानी दिया जाता है, धूप और ठंड से उसकी रक्षा की जाती है और उसमें खाद दी जाती है। जब दोनों पौधे पूर्ण वृक्ष बन जाते हैं तब दोनों की लकड़ी, पत्ती, पुष्प और फल में बड़ा अंतर आ जाता है। जो अपने आप बढ़ता है और ऋतु, पानी हवा का कष्ट उठाता है, उसकी जितनी ठोस बनावट होती है, उतनी बाग में लगाए गए वृक्ष की नहीं होती, बल्कि बाग वाले वृक्ष में इतनी नरमी आ जाती है कि यदि उसको सर्दी, गर्मी और खुश्की से न बचाया जाए तो उसका अस्तित्व ही नष्ट हो जाता है।

एक स्कूल की एक ही कक्षा में कई बालक पढ़ते हैं। एक बालक उसमें ऐसा है जो साधारण अन्न खाकर फटे-पुराने, मैले वस्त्र पहनकर, किताबें उधार लेकर, हर प्रकार का कष्ट उठाकर, बिना किसी गुरु या शिक्षक की सहायता के अध्ययन करता है और उसी का एक दूसरा साथी अच्छे कपड़े पहनकर, कमरों में बैठकर सुगंधित पदार्थ लगाकर, शान से

स्कूल जाता है। शिक्षक भी उसका लिहाज करते हैं, घर पर किसी प्रकार का खाने-पीने, रहने आदि का उसे कष्ट नहीं है। एक बालक ने हर प्रकार का कष्ट उठाकर अपनी पढ़ाई की; दूसरे ने हर प्रकार का आराम, सहारा प्राप्त करके अध्ययन किया। परिणाम में इतना फर्क पड़ जाता है जो प्रतिदिन देखने में आता है। दीनदशा में रहने वाला बालक अधेड़ और वृद्ध होने पर जिस मानसिक और शारीरिक बल, आत्मविश्वास तथा आत्मसयंम का परिचय देता है, उतना आराम से पला हुआ बालक नहीं देता। जितने भी मानी, ज्ञानी, धनाढ्य, आविष्कारक, कवि, लेखक, नेता, सुधारक, महापुरुष हुए हैं और होते चले जा रहे हैं, उनमें अधिकांश कष्ट से पले हुए दुःखों से घिरे हुए साधारण वस्त्र पहने हुए, पुस्तकें बगल में दबाए हुए, विद्यालय को प्रतिदिन पाँव रगड़कर जाने वाले बालकों में से ही हुए। राग-रंग में पहले हुए वैभवसंपन्न बालकों में से कोई बिरला अपना जौहर दिखा पाता है।

जिस प्रकार हमारी आपत्तियाँ और क्लेश हमारी आंतरिक शक्तियों की वृद्धि करते हैं, उसी प्रकार जिनको हम अपना शत्रु समझते हैं, वे भी हमारे लिए कल्याणकारक होते हैं। जब तक हमारा कोई शत्रु न बनें, तब तक हमें हमारी बुराइयाँ और कच्चापन कौन दिखाएगा? जो मित्र होते हैं वे तो कृपा और प्रेम से ऐसे भरे होते हैं कि हमें कड़वी परंतु यथार्थ बात नहीं

कहते; वे सदा हमारे दोषों को क्षमा की दृष्टि से देखते हैं और उनको छिपाने का प्रयत्न करते हैं। परंतु जो शत्रु होता है, वह बुराई करने में नहीं हिचकिचाता, वह हमारी घोर-से-घोर निंदा करता है, हमारी पोल खोलता है, हर पल उचित-अनुचित प्रहार करता है। यदि सच पूछिए तो वह हमारे लिए एक अच्छे दर्पण का काम करता है। शत्रु-स्वरूप आरसी में हमें हमारी न्यूनता, हीनता, भ्रम, व्यर्थ व्यय इत्यादि दोष यथार्थरूप में दिखाई देने लगते हैं बल्कि जितने हममें दोष होते है, उनसे भी बढ़कर वह हमें दिखाता है। शत्रु का प्रहार क्या है मानो किसी डॉक्टर का नश्तर है। जैसे डॉक्टर का नश्तर हमारे शरीर के फोड़े को चीरकर उसकी जड़ तक का मवाद निकालकर उसे स्वच्छ कर देता है, उसी प्रकार शत्रु का प्रहार हमारी बुराइयों और अशक्तियों को चीरकर स्वच्छ कर देता है। तभी तो कहा भी गया है—'निंदक नियरे रखिए।'

आपत्तियाँ निखारती हैं—लक्ष्य

अच्छे-से-अच्छे शस्त्र और औजार तब तैयार होते हैं, जब वे कई बार अग्नि में तपाए जाते हैं, हथौड़े से पीटे जाते हैं और सान पर चढ़ाए जाते हैं। लोहा स्वयं एक बहुत दृढ़ धातु हैं। हीरे का तो कहना ही क्या है; वह अत्यंत कठोर पदार्थ है परंतु इनमें उपयोगिता और चमक-दमक कुटाई-पिसाई और

रगड़ाई बिना नहीं आ सकती। इसी प्रकार मनुष्य में चाहे जितने गुण हों परतु जब तक वह आपत्तियों का शिकार नहीं होता, और उसको कष्ट के धक्के नहीं लगते, तब तक उसका गुण, उसका श्रेष्ठ रूप प्रकट नहीं होता।

पत्थर से मूर्ति बनाई जाती है वह मूर्ति उस पत्थर के ही अंतर्गत है। परंतु दृष्टिपथ में वह मूर्ति तभी आएगी जब शिल्पकार के छेनी-हथौड़े उस पत्थर पर लगातार चलेंगे। विद्युत की अग्नि पत्थर के अंदर लिप्त है। परंतु जब तक दूसरी वस्तु से रगड़ा न जाए तब तक उसमें अग्नि नहीं जलेगी। मल्लाह जब तक तूफान के थपेड़े नहीं खाता और भँवरों में नहीं फँसता, तब तक अपने व्यवसाय में प्रवीण नहीं होता। संसार की प्रत्येक वस्तु उपयोगी तभी बनती है, जब वह अग्नि में तपाई या पानी में भिगोई जाती है या कूटी-छानी या पानी से धोई जाती है या किसी न किसी प्रकार का उस पर प्रहार किया जाता है। इसी प्रकार मनुष्य भी न्यूनांश या अधिकांश में सच्चे मनुष्यत्व को तभी प्राप्त होता है, जब किसी- न-किसी प्रकार का उसे कष्ट, आपत्ति, दुःख वेदना या क्लेश पहुँचता है। यह प्रकृति का नियम है। मानो ईश्वर प्रत्येक प्राणी को संसार में कष्टों का अनुभव करने और उन्नत बनने के लिए भेजता है।

अमेरिका के भूतपूर्व राष्ट्रपति अब्राहम लिंकन हों या भारत के वैज्ञानिक डॉ. आर.ए. माशेलकर, इन सभी ने अपनी

विपन्नता एवं तमाम मुश्किलों के बीच अपनी सफलता का मार्ग प्रशस्त किया।

मनुष्य की शिक्षा स्कूल और कॉलेज में नहीं होती, किंतु कष्टों और आवश्यकताओं के अनुभव में होती है। कठिनाइयों पर विजय प्राप्त करने के लिए जो प्रयत्न और दौड़-धूप करता है, उसी को सफलता प्राप्त होती है। यदि कठिनाइयाँ न होतीं तो सफलता भी न होतीं। जय और पराजय संग्राम ही न हो तो जय या विजय कहाँ से प्राप्त हो? सफलता प्राप्त करने के लिए ही तो प्रयत्न किया जाता है, आपत्ति उठाई जाती है। उसी से मनुष्य की उन्नति होती है। जितनी भी अधिक आपत्तियाँ सहकर मनुष्य सफलता प्राप्त करता है, उसकी सफलता उतनी ही अधिक महत्त्व की होती है।

सच्चा मनुष्य वही है जो प्रसन्नता के साथ आपत्तियों को सहन करता है और उनके अनुभव से आगे के लिए अपने निर्दिष्ट मार्ग से सफलता उत्पन्न करता है। संसार के किसी भी मार्ग में मखमल नहीं बिछी हुई है। प्रत्येक मार्ग में काँटे, पत्थर, गड्ढे, अनेकानेक घात-प्रतिघात हैं। उनमें होकर पार हो जाने का ही नाम सफलता है। याद रखिए उन्हीं की किस्मत बदलती है जो इसे बदलना चाहते हैं।

□

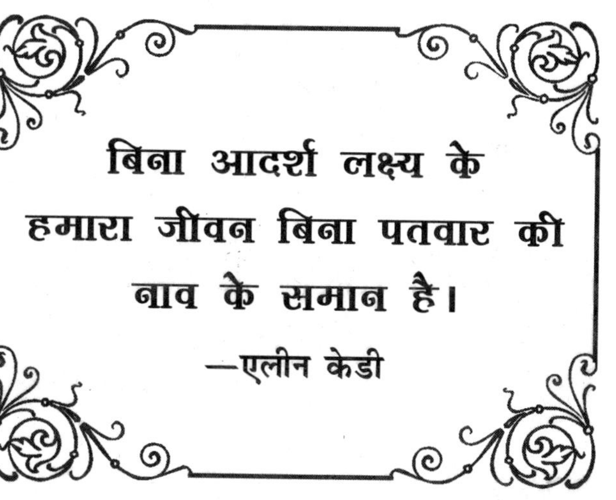

बिना आदर्श लक्ष्य के
हमारा जीवन बिना पतवार की
नाव के समान है।

—एलीन केडी

5

लक्ष्य के प्रति धुन

लक्ष्य की सिद्धि अन्याय और अनीति से नहीं; सच्ची धुन और लगन से ही हो सकती है।

–प्रेमचंद

वास्तव में सफलता एक सापेक्ष शब्द है। एक ओर जहाँ कुछ लोग सफलता को जमीन जायदाद, रुपया–पैसा तथा कोठी–बंगलों के रूप में देखते हैं, वहीं कुछ लोग बैंक–बैलैंस व औद्योगिक प्रगति को सफलता का आधार मानकर चलते हैं। कुछ लोग ख्याति व पहचान के इतने अधिक भूखे होते हैं कि उनकी यही इच्छा सफलता के उत्प्रेरक का कार्य करती है। वे लोग जिन्होंने अपने देश में लक्ष्य के नये आयामों

को स्पर्श किया है, यदि आप उनसे पूछें तो उनमें से ज्यादातर लोग अपनी कामयाबी पर आश्चर्यचकित होते हुए भी नजर आएँगे। मानो पहले उनकी मंजिलें कुछ और थीं और जैसे-जैसे वे पास आती गईं, वैसे-वैसे उनके नये आयाम उद्‌घाटित होते गए।

मुंबई की फिल्मी दुनिया में रातोंरात कामयाबी की नयी कहानियाँ बुनी जाने के अनेक उदाहरण हैं। सुनील दत्त व रजनीकांत मामूली से बस कंडेक्टर से फिल्मी दुनिया के बेताज बादशाह बन बैठते हैं। उधर शाहरुख खान पाँच हजार रुपये लेकर दिल्ली से मुंबई पहुँचते हैं और मात्र 10 साल बाद 30 करोड़ रुपये का सिर्फ घर ही खरीद लेते हैं।

कला फिल्मों के लाजवाब अदाकार ओमपुरी अपनी फिल्म 'अर्धसत्य' के रिलीज होने से पूर्व किसी मजदूर की तरह एक चॉल में रहते थे। फिल्म 'अर्धसत्य' से उन्होंने कमाई की उससे एक पुरानी फिएट कार खरीदने के लिए पूना चले गए। लौटकर आए तो चॉल में कार रखने की जगह नहीं थी। फलस्वरूप उन्होंने अपनी आखिरी पूँजी लगाकर एक कमरा किराये पर लिया। आज वे मुंबई में समुद्र के किनारे एक आलीशान वातानुकूलित घर में रहते हैं।

सफलता का दृष्टिकोण

वास्तविकता ये है कि सफलता के मामले में लोगों का दृष्टिकोण नितांत निजी व अभूतपूर्व होता है। राजनीति व व्यापार, कला और समाज सेवा, साहित्य और सिनेमा इन तमाम आयामों में अपने-अपने मंतव्य के मुताबिक सफलता अर्जित करने वाले लोगों की एक लंबी सूची बनाई जा सकती है। लेकिन हकीकत यह है कि सफलता कुल मिलाकर मन का मामला है। कुछ लोग एकांत में धूनी रमाकर अनजाने और अनचिह्ने रहकर भी खुद को नाकामयाब नहीं मानते तो कुछ लोग धन-संपदा के अकूत शिखर पर बैठे होने के बावजूद अपने फायदे के लिए दूसरे को ओवरटेक करने की कोशिशों में जुटे रहते हैं।

लक्ष्य हेतु आत्मनियंत्रण

सभी प्राणियों में मनुष्य एकमात्र ऐसा प्राणी है जिसकी मानसिक विशेषाएँ सबसे अलग हैं। हम अपने सोचने-समझने की शक्ति तथा विचार करने की क्षमता के बल पर ही उचित-अनुचित का भेद कर पाते हैं। चीजों को नये दृष्टिकोण से देखने की क्षमता ने ही हमें अन्य प्राणियों से श्रेष्ठ बना दिया है। मानवीय अस्तित्व के सर्वशक्तिमान होने के पीछे हमारी यही विशिष्ट ऊर्जा कार्य करती है। सोचने-समझने की ताकत

के बलबूते ही मनुष्य में आत्मनियंत्रण का कौशल पैदा होता है और यहीं आत्मसंयम हमें कामयाबी के शिखर तक ले जाता है। जिन व्यक्तियों ने जनसाधारण से ऊपर उठकर कामयाबी की बुलंदियों को छुआ है, उनका राज आत्मनियंत्रण भी है।

कुछ लोगों की धारणा रहती है कि सफलता–असफलता हमारी किस्मत पर निर्भर करती है, ऐसा सोचना गलत है। सच्चाई यह है कि कठिन मेहनत और लगन काम के करने का हुनर व आत्मनियंत्रण ही हमें कामयाबी की मंजिल तक ले जाते हैं। महाकवि गेटे के शब्दों में जिसने आत्मनियंत्रण कर लिया, मानो उसने सफलता प्राप्त कर ली। महान योद्धा सिकंदर ने दुनिया फतह करने से पहले अपने मन को काबू में किया था। नतीजतन वह महान उपलब्धियाँ हासिल कर सका और जैसे ही उसने आत्मनियंत्रण खोया और भोग–विलास में डूबा, वहीं से उसका पतन होना शुरू हो गया। एक बार आत्मनियंत्रण करने के बाद उसे बरकरार रखना भी बहुत महत्त्वपूर्ण है।

□

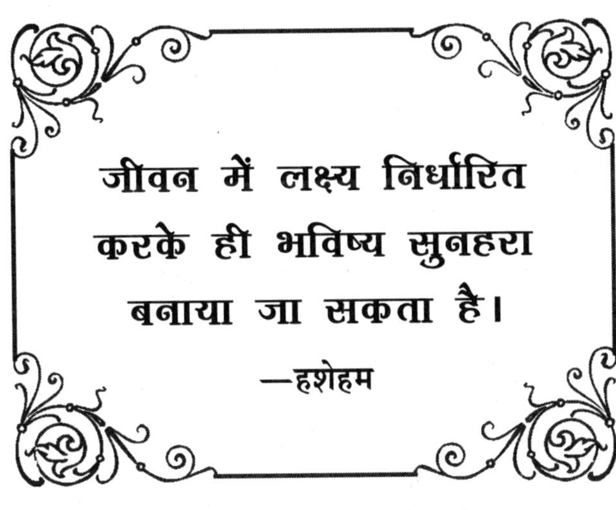

जीवन में लक्ष्य निर्धारित करके ही भविष्य सुनहरा बनाया जा सकता है।

—हशेहम

6

साहस से पूरे होते हैं लक्ष्य

साहस मानवीय गुणों में लक्ष्य प्राप्ति के लिए एक प्राथमिक गुण है, क्योंकि यह सभी अन्य गुणों की जिम्मेदारी लेता है।

—अरविंद

सफल लोगों का जीवन चमकदार होता है। हमारे व्यक्तित्व को चमक देने वाला गुण साहस है। सर्वगुणसंपन्न मनुष्य में अगर साहस नहीं है तो उसके गुण आधे रह जाएँगे। कोलिन कैम्पवेल स्काटलैंड के हाई लेंडर की 93 नंबर की कंपनी के ऑफिसर ने वैलकलावा की लड़ाई में ऐसे समय, जब बाजी उलटी जा रही थी, सिपाहियों से जोर देकर कहा कि

जो सिपाही जहाँ खड़ा है वहीं मर जाए। इस पर प्रत्येक सिपाही ने यह उत्तर दिया कि 'सर कालवन, हम सब यहीं मरेंगे, यहीं मरेंगे।

यह साहस सिपाहियों और सेनापति में न आता तो रूस के साथ जो युद्ध हो रहा था, उसमें अंग्रेज सिपाहियों को सफलता कदापि न मिलती।

अलमा की लड़ाई में जो सिपाही झंडा लिए खड़ा था वह अपने स्थान पर डटा रहा, परंतु अन्य सिपाही वापस हट गए। कप्तान ने पीछे होते हुए सिपाहियों से जोर से चिल्लाकर कहा कि 'झंडा तो लेते आओ।' परंतु जो सिपाही झंडा लिए खड़ा था, उसने यह पुकार लगाई कि 'झंडे की रक्षा के लिए सब सिपाहियों को यहाँ ले आओ।' इसी साहसपूर्ण वचन से सिपाही आगे बढ़ गए और जीते।

भारतवर्ष में हल्दीघाटी के संग्राम में जब लड़ते-लड़ते महाराणा प्रताप की सेना हताहत होने लगी और स्वयं महाराणा प्रताप के प्राण संकट में पड़ गये तो सादड़ी के वीर झाला सरदार ने महाराणा को हटाकर स्वयं उनकी जगह पर उनका मुकुट धारण कर चँवर, मोर, छत्र आदि राज चिह्नों समेत हाथी पर चढ़कर यवनों को दिखा दिया कि महाराणा समर से हटे नहीं है। झाला सरदार ने बरछों की मार सहते हुए समर में अपने स्वामी के प्राण बचाने के लिए अपने प्राण

न्योछावर कर दिए। साहस और वीरता का उन्होंने ज्वलंत उदाहरण दिया।

फ्रांस में राज्य विप्लव हो चुका था। राज्य परिषद् में प्रजा इकट्ठी हो गई। उनको हटाने के लिए 23 जून, 1789 ई. को डेब्रीज राजदूत जो संदेश लाया उसे सुनकर लोग घबरा गए। परंतु माराबो नामक एक साहसी व्यक्ति ने फौरन उत्तर दे दिया, 'तुमने राजा के नाम से जो बातें सुनाईं, हमने सुन लीं, परंतु इस परिषद् में हम तुम्हें राजदूत नहीं मान सकते। इस परिषद् में तुम्हारी कोई स्थिति नहीं है। तुम्हें कुछ कहने का हक नहीं है। चले जाओ और जिन्होंने तुम्हें भेजा है उनसे कह दो कि फ्रांस की प्रजा संगीनों से कुचले बिना परिषद् से नहीं हट सकती।

धूले के राव दलेल सिंह का नाम बहुत प्रख्यात था। जयपुर नरेश महाराज माधव सिंह प्रथम उनसे नाराज रहते थे। दलेल सिंह वृद्ध हो चुके थे, इसलिए सांसारिकता से विरक्त हो गए थे। अतः उन्होंने अपने काम अपने कुँवर को सौंप दिए थे। उन्हीं दिनों भरतपुर के जवाहरमल जाट पुष्कर से वापस आते समय जयपुर की ओर बढ़ चले। दस-पाँच कोस पर ठहर कर उन्होंने जयपुर नरेश के साथ युद्ध की घोषणा भेज दी। महाराज जयपुर एकाएक युद्ध की तैयारी न कर सके, उन्होंने यही उचित समझा कि शत्रु को कुछ

देकर उससे संधि कर ली जाए। अतः उन्होंने अपने कार्यकर्ताओं और सरदारों को बुलाकर उनसे संधिपत्र पर हस्ताक्षर करवा लिए।

धूले के कुँवर भी वहाँ उपस्थित थे। उन्होंने वहाँ हस्ताक्षर न करके अपने पिता से पूछकर हस्ताक्षर करने की बात कही। वे संधिपत्र पिता को दिखाने के लिए ले आए। राव दलेल सिंह ने पत्र को पढ़कर फाड़ डाला। कुँवर इस बात से बहुत घबराए और महाराज को यह वृत्तांत कह सुनाया। महाराज असमंजस में पड़ गए और उन्होंने राव दलेल सिंह को बुलाकर कहा—'आपने मेरे प्रस्ताव को तो रद्द कर दिया परंतु अब रियासत की रक्षा कैसे होगी?'

राव ने महाराज से कहा, 'आप निश्चिंत रहें, मुझे जवाहरमल से लड़ने जाने दीजिए।'

राव दलेल सिंह राज्य की सेना सहित जवाहरमल से लड़ने चल दिए। पूर्ण साहस, वीरता और पराक्रम से लड़कर शत्रु को भगा दिया। पर राव दलेल सिंह, उनके कुँवर, उनके पौत्र लड़ाई में शहीद हो गए।

तीन पीढ़ियों के बलिदान ने महाराज माधव सिंह के राज्य को शत्रुओं के पदार्पण से बचाया। यह साहस और पुरुषार्थ का ज्वलंत उदाहरण है।

साहस व सूझबूझ

सन् 1812 ई. में जब अंग्रेजों और अमेरिकियों में संग्राम चल रहा था, सीचिवे मास नामक बस्ती के समीप समुद्र में अंग्रेजों का जहाज दिखाई दिया। उसमें से कतिपय सिपाही उतरकर छोटी-छोटी नावों में बैठकर बस्ती में आग लगाने के लिए बढ़ने लगे। एक मकान के ऊपर की मंजिल में खिड़की से रेबिका वेसट्स नामक 12 वर्षीय एक लड़की यह दृश्य देख रही थी। सारा विंसर नामक एक युवक ने इस कन्या से कहा, 'क्या कहूँ मैं पुरुष नहीं हूँ। देखो, किस प्रकार सिपाही नाव में बैठकर हमारी बस्ती की तरफ आ रहे हैं, उनकी बंदूकों की तरफ देखो।'

सारा विंसर ने कहा, 'यदि तुम पुरुष होती तो क्या करती?' लड़की ने उत्तर दिया, 'मैं संग्राम करती और कुछ परवाह नहीं करती। अपने पिता की बंदूक उठा लेती। वहाँ अत्याचार होने वाला है और मैं यहाँ खिड़की में खड़ी रहूँ।' मुझसे यह अत्याचार सहन न होगा, पिता और चाचा गाँव में हैं, उनसे जो कुछ हो सकेगा करेंगे, परंतु मैं कैसे मैं चुप रहूँ? देखो तो बस्ती में कैसा सन्नाटा छाया हुआ है?'

सारा विंसर ने कहा कि कदाचित लोग इसलिए छिप रहे थे कि सिपाही पास आ जाएँ तो वे उन पर टूट पड़ें। रेबिकए ने कहा, 'अरे ढोल कहाँ है, वह जो बाबा कल

मरम्मत के लिए लाये थे। मैं तो दौड़ कर अब उसको बजाऊँगी।' उधर शत्रुओं ने पहले ही जहाज में आग लगा दी थी। उसका धुआँ और लपटें बढ़ रही थीं। उधर रेबिका और कई लड़कियाँ मकानों के बाहर छिपकर निकल गईं और टीलों के पीछे छिपकर जोर-जोर से ढोल बजाने और हल्ला मचाने लगीं।

बस्ती के लोग जो डर से छिप रहे थे, ढोल के शब्द और चिल्लाहट सुनकर समझे कि पासगोस्ट नगर से सहायता के लिए सिपाही आ गए। साहस करके नाव में बैठ कर नदी में आगे बढ़ गए और शत्रुओं पर हमला करने लगे। बाजी पलटते देख अंग्रेज सिपाही भयभीत हो गए और अपनी नावों को वापस कर अपने जहाज पर चले गए। एक छोटी सी लड़की के साहस व सूझबझ ने कितनी करामात दिखाई।

साहस का पुरस्कार

सन् 1725 में उत्तरी वर्जीनिया के जंगल में पैमाइश करने वालों की एक पार्टी भोजन कर रही थी। एक स्त्री के आर्तनाद ने उनको चौंका दिया। वे लोग उस ओर दौड़े। स्त्री ने इन लोगों में से एक युवक को देख कर कहा, 'देखिए ये लोग मुझे छोड़ते नहीं हैं। मेरा लड़का नदी में गिर गया है। मुझे इन लोगों से छुड़ा दीजिए, जिससे मैं अपना लड़का

नदी में से निकाल लाऊँ। जिन लोगों ने स्त्री को पकड़ रखा था, उन्होंने सोचा कि यदि वे इसे छोड़ देंगे तो वह अवश्य पानी में कूद पड़ेगी और मर जाएगी। युवक ने फौरन अपना कोट उतार दिया और स्वयं एक पहाड़ी चट्टान पर जाकर नदी में कूद पड़ा, जहाँ बच्चे का वस्त्र दिखाई दे रहा था। जल प्रवाह को पार करता हुआ वह वहाँ जा पहुँचा। उसने बच्चे को हाथ से पकड़ तो लिया पर वह हाथ से फिर निकल गया। जल के वेग ने उन दोनों को डुबो दिया। ऊपर से लोग इस दृश्य को देख रहे थे और वह स्त्री अब भी 'हाय मेरा बच्चा, हाय मेरा बच्चा' कहकर रो रही थी।

बड़ी देर बाद साहस के साथ वह युवक अंत में उस लड़के को ऊपर उठाए चट्टान पर आ गया। वहाँ कुछ भूमि नीची थी। दर्शक और वह स्त्री दौड़कर दोनों के पास पहुँचे। बच्चा और युवक दोनों बेसुध और अशक्त हो गए थे। परंतु भगवान ने युवक के परिश्रम को सफल कर दिया। थोड़ी देर बाद दोनों को होश आया, स्त्री ने अपने बच्चे को छाती से लगाया और युवक को अनेकानेक धन्यवाद देती हुई कहने लगी, 'आपने मेरे बच्चे को बचाया, भगवान आपको इस कृपा और साहस का अवश्य पुरस्कार देगा, आज आपने वह काम किया है, जिसका बदला मैं नहीं चुका सकती।' आप जानते हैं वह युवक कौन था? वह जार्ज वाशिंगटन था, जो

बाद में अमेरिका का राष्ट्रपति बना।

अमेरिका की एक बस्ती में जनरल जैक्सन एक जज थे। एक दिन जब वे काम कर रहे थे, एक बदमाश अदालत में घुस आया और कार्य में बाधा डालने लगा। जज ने गिरफ्तार करने की आज्ञा दी, परंतु उसको पकड़ने की ऑफिसर की हिम्मत नहीं हुई। जज ने सिपाहियों को आवाज दी। सिपाही आए पर उनकी भी हिम्मत नहीं पड़ी। जज जैक्सन ने कहा, मैं अब अपनी शक्ति को बुलाता हूँ, 'पाँच मिनट के लिए अदालत बंद रहे।' ऐसा कहकर जज की कुर्सी से वह नीचे उतर गए, उनके रूप को देखकर बदमाश डर गया और उसने अपने हथियार नीचे गिरा दिए। उसे गिरफ्तार कर लिया गया। उस खूनी ने बाद में स्वीकार किया कि जज साहब की आँखों में न जाने क्या था, जिसे वह सहन न कर सका।

अमेरिका में जब कतिपय फ्रेंच लोग पामहेंडूरेन लोड लाइन पर एक ट्रेन में बैठे हुए शिकागो जा रहे थे, तो जेनीकरी नामक एक दस वर्ष की कन्या ने रेल रोड के पास आग लगी हुई देखी। उस लड़की ने विचार किया कि ट्रेन आग लगाए हुए स्थान से निकलेगी तो ट्रेन में अवश्य आग लग जाएगी। इसलिए वह दौड़कर एक ऐसे ऊँचे स्थान पर जा पहुँची, जहाँ से वह ट्रेन में बैठे लोगों को दिखाई दे सके। वहाँ पहुँचकर उसने अपना लाल रंग का कोट उतार लिया और जब गाड़ी

कुछ दूरी पर दिखाई दी तो उसने अपना कोट एक डंडे में फँसा कर घुमाना शुरू कर दिया। उसकी सूचना थी कि वहाँ पर खतरा है। इस शुभ अभिप्राय का परिणाम यह हुआ कि इंजन चलाने वाले ने दूर से उस लाल निशान को खतरे का सिग्नल समझ कर आग वाले स्थान तक पहुँचने वे पहले ही ट्रेन को रोक दिया। यदि उस लड़की में वह साहस न होता और वह दौड़कर अपने लाल कोट से आग लगे होने की सूचना न देती तो सैकड़ों लोग मर जाते।

फ्रेंच लोग जब अपने देश वापस पहुँचे तो उन्होंने इस घटना की सूचना प्रेसीडेंट कारनट को दी और उन्होंने उस लड़की के अद्‌भुत साहस और विचारशीलता के लिए अपने यहाँ से एक पदक भेजा, जिसे 'फ्रेंच लीजन ऑफ ऑनर' कहते हैं।

□

लक्ष्य का अर्थ
यह नहीं, आपको उस पर
पहुँचना ही है;
आपको बस उस पर निगाहें
जमाए रखनी हैं।

—ब्रूसली

7

कर्म से पाएँ परम लक्ष्य

> *बिना उत्साह के कभी किसी उच्च लक्ष्य की प्राप्ति नहीं होती है।* —**इमर्सन**

उत्साह वह गुण है जो यह प्रदर्शित करता है कि मनुष्य में कितनी ऊर्जा है? वह किस उत्साह से कार्य आरंभ करता है? किसी भी कार्य को करने के लिए मनुष्य में भरपूर उत्साह होना चाहिए, बिना उत्साह के किया जाने वाला कार्य अनुचित परिणाम ही देता है।

उत्साह मनुष्य का वह महत्त्वपूर्ण गुण है जो उसके अन्य गुणों दृढ़ निश्चय, आत्मविश्वास, धैर्य, विवेक आदि को दुगुना करता है। जिससे वह मनुष्य बिना बाधा के कार्य को करता

जाता है और सफल होता है। निरुत्साह से किया जाने वाला कार्य कभी पूरा नहीं होता, क्योंकि उसका प्रारंभ ही उचित नहीं होगा तो अंत कैसे अच्छा हो सकता है? यदि कोई मनुष्य उत्साह से कार्य करता है तो वह केवल स्वयं कार्य नहीं करता है, अपितु उसे देखकर अन्य लोगों का भी उत्साह बढ़ता है; क्योंकि वे यह देखते हैं कि अगला व्यक्ति कितने उत्साह से कार्य को करके सफलता प्राप्त कर रहा है तो हम भी ऐसा कर सकते हैं। और वे भी प्रेरणा लेकर उत्साह से भर जाते हैं। अर्थात् एक व्यक्ति के उत्साह को देखकर उसके आसपास के लोग भी उत्साह में भर जाते हैं। लेकिन केवल वे जो सफलता प्राप्त करना चाहते हैं, वे ही ऐसी प्रेरणा ग्रहण करते हैं।

- *"उत्साह उन लोगों का गहना है जो सफलता प्राप्त करना चाहते हैं।"*

मनुष्य में उत्साह तीन प्रकार से जागृत होता है। एक तो वह स्वयं ही कार्य को पूर्ण करने की लगन में पूर्ण उत्साह से उसे करता है। दूसरे, जब वह अन्य किसी को देखता है कि वह कितने उत्साह से कार्य करता है तो वह भी उत्साह से कार्य करता है। तीसरा, जब कोई किसी का उत्साह बढ़ाए कि आपको इस कार्य को उत्साह से करना चाहिए जिससे आप दूसरों के आगे निकलकर कार्य करें।

जिस प्रकार स्कूल में जब शिक्षक ब्लैकबोर्ड पर कुछ समझाकर कहते हैं कि अब इसे करके बताएँ। देखें कौन पहले करता है। तो वे विद्यार्थियों का उत्साह बढ़ाते हैं। उनके ये शब्द कौन पहले करता है विद्यार्थियों में उत्साह भरने की वे औषधि होते हैं जिसके कारण विद्यार्थी उस प्रश्न को उत्साहपूर्वक कि "मैं पहले करूँ, करते हैं। और उनमें से जब एक विद्यार्थी उस प्रश्न को सबसे पहले हल कर लेता है तो दूसरे को भी उससे प्रेरणा मिलती है और वह भी उत्साह में उस प्रश्न को हल करता है। फिर दूसरे से तीसरे को, तीसरे से आगे, फिर आगे।"

मैदान में जब खिलाड़ी अपना खेल दिखाते हैं तब दर्शक तालियाँ बजाकर अथवा चिल्लाकर उनका उत्साह बढ़ाते हैं। यह उत्साह खिलाड़ियों के लिए औषधि के समान होता है। जिससे वे दुगुने उत्साह से खेलते हैं।

एक कक्षा में एक छात्र जब कोई गलती करता तो शिक्षक उससे कहता कि "तुम बिलकुल नकारा हो, कुछ नहीं कर सकते।" धीरे-धीरे उस छात्र की वही आदत बनती गई। उसके उत्साह में कमी आती गई। और अंततः वह वास्तव में नकारा हो गया।

गलती होने पर भी मनुष्य का उत्साहवर्द्धन करना चाहिए न कि उसे और हतोत्साहित किया जाए। ध्यान रखें, जहाँ

उत्साहवर्द्धन नई शक्ति का संचार करता है वहीं हतोत्साहित करना किसी को भी नकारा बना सकता है।

- *"उत्साहवर्द्धन वह विद्या है जो मरते हुए के लिए संजीवनी की तरह कार्य करती है।"*

जिस प्रकार राख में दबी चिनगारी को हवा देने पर वह विकराल अग्नि का रूप धारण कर लेती है, उसी प्रकार किसी निरुत्साहित को उत्साहित करने पर वह अपनी समस्त शक्ति को एकत्रित कर पुनः कार्य में जुट जाता है और सफल होता है।

हतोत्साहित करने पर मनुष्य को निराशा, हीन-भावना आदि दुर्गुण घेर लेते हैं, जो उसे जीवन में असफलता के अतिरिक्त कुछ नहीं देते।

कोई भी कार्य उत्साह से किया जाना चाहिए। उसके प्रति सदैव सकारात्मक सोच रहनी चाहिए। तब उत्साह का संचार स्वतः होता है। किंतु किसी को हतोत्साहित कभी नहीं करना चाहिए, क्योंकि वह जितना करता है, हतोत्साहित किए जाने पर और नीचे चला जाता है।

अतः सफलता प्राप्त करने के लिए उत्साह से कार्य करें और दूसरों को भी उत्साहित करें। सफलता निश्चित मिलेगी।

कर्म ही पूजा

लक्ष्य के साथ-साथ कर्म करना भी अहम है। कहा गया है न कर्म ही पूजा है। कर्म मनुष्य को महान् बनाते हैं। कर्म से ही मनुष्य की पहचान है। जब भी दो व्यक्ति मिलते हैं तो सर्वप्रथम प्रश्न यही होता है कि 'आप क्या करते हैं?' अर्थात् आपका कर्म क्या है? कोई अधिवक्ता है, कोई डॉक्टर है, कोई लेखक है, कोई मैकेनिक है। कर्म से ही ज्ञात होता है कि अमुक व्यक्ति क्या है? कर्म भले ही कोई भी हो, वही उस व्यक्ति की पहचान निश्चित करता है।

कर्महीन व्यक्ति आलसी, चापलूस, मूर्ख, नकारा होने के साथ-साथ भाग्य के सहारे जीने वाले होते हैं। उनका उन्नति का मार्ग प्रायः अवरुद्ध रहता है। वे बस भाग्य को पकड़े बैठे रहते हैं और कर्महीन होते जाते हैं। जबकि कर्म का ही महत्त्व है। कर्म से ही संसार है। प्रकृति भी कर्म करती है।

- *"बिना कर्म के ज्ञान अनुपयोगी और अप्रासंगिक होता है। कर्म के साथ ज्ञान दुर्भाग्य को भी सौभाग्य में बदल देता है।"*

—डॉ. ए.पी.जे. अब्दुल कलाम

एक बार भगवान् एवं देवराज इंद्र में सर्वश्रेष्ठ कौन है इस बात को लेकर विवाद छिड़ गया। दोनों का विवाद बढ़

जाने पर इंद्र ने सोचा "मैं बारह वर्षों तक जल बरसाना बंद कर देता हूँ। फिर देखता हूँ, भगवान् पृथ्वीवासियों की कैसे रक्षा करते हैं? सभी प्राणी भूखे-प्यासे मर जाएँगे।" उन्होंने मेघों को आज्ञा दी। मेघों ने जल बरसाना बंद कर दिया।

जब बात किसानों को ज्ञात हुई तो उन्होंने सोचा "अगर वास्तव में बारह वर्षों तक वर्षा नहीं हुई तो हम तो अपना कर्म भूल जाएँगे और हमारी संतान तो पूर्ण रूप से निकम्मी और आलसी हो जाएगी। इसलिए हम अपना कर्म करते रहेंगे, चाहे इंद्र जल बरसाएँ या न बरसाएँ।"

यह सोचकर उन्होंने अपने-अपने हल उठाए और कृषि कार्य प्रारंभ कर दिया।

एक खेत में मिट्टी के नीचे से एक मेढ़क बाहर आकर किसान से बोला—"क्या आपको पता नहीं, इंद्रदेव एवं भगवान् में श्रेष्ठता को लेकर बहस छिड़ी हुई है और इंद्र ने बारह वर्षों तक पानी न बरसाने का निर्णय लिया है। फिर खेत जोतने से क्या लाभ? बिना वर्षा के कृषि कैसे होगी?"

किसान बोले—"सुनो मेढ़क! अगर यह लड़ाई बारह वर्षों तक चली तो हम अपना कर्म भूल बैठेंगे। अतः अपना कर्म करते रहना हमारे लिए अत्यावश्यक है।"

मेढ़क सोचने लगा, "वर्षा नहीं हो रही है इसलिए मैं भी टर्राता नहीं हूँ। यदि मैं भी बारह वर्षों तक टर्राना छोड़ दूँगा

तो मैं तो टर्राना ही भूल जाऊँगा।'' अतः वह भी टर्राने लगा।

उसका टर्राना सुनकर एक मोर वहाँ आया। उसने इंद्र की बात बताई। तब मेढ़क बोला कि ''मित्र मोर! हमें अपने-अपने कर्म करते रहने चाहिए अन्यथा हम अपने कर्म भूल जाएँगे। यदि ऐसा हो गया तो अगली पीढ़ी को कौन बताएगा एवं उन्हें कैसे ज्ञात होगा कि उन्हें क्या कर्म करना है। यही कारण है कि हमें अपने कर्म को कभी नहीं भूलना चाहिए। कर्म का फल कब, कैसे मिलेगा, उसकी इच्छा नहीं करनी चाहिए। क्योंकि भगवान् श्रीकृष्ण ने भगवद् गीता में कहा है कि कर्म किए जा, फल की इच्छा मत कर।''

मेढ़क की बात सुनकर मोर भी कर्म की महानता को समझकर पीहु-पीहु बोलते हुए नाचने लगा।

जब इंद्र ने देखा कि सभी लोग अपने-अपने कर्म में लगे हैं तो उन्होंने सोचा कि शायद पृथ्वीवासियों को उनके निर्णय का पता नहीं है। यह सोचकर वे पृथ्वी पर किसानों के समक्ष प्रकट हुए और बोले कि ''शायद तुम लोगों को ज्ञात नहीं है कि मैं अगले बारह वर्षों तक वर्षा नहीं होने दूँगा। इसलिए तुम लोगों का कर्म करना व्यर्थ है।''

किसानों ने कहा कि ''हे इंद्रदेव! कर्म ही पूजा, कर्म ही ईश्वर है। आप अपना कार्य करें या न करें, लेकिन हम अपना कर्म जानते हैं और वह हमें करना ही है। यदि हम

कर्म की महत्ता को भूल बैठेंगे तो हमारी अगली पीढ़ी क्या करेगी?''

किसानों की बात सुनकर इंद्र को अपनी गलती का अहसास हुआ। उन्होंने भी कर्म के महत्त्व को समझा। साथ ही यह भी जाना कि किसी के कर्म न करने से दूसरे का कर्म रुकता नहीं, वह निरंतर चलता रहता है।

अत: कर्म ही कर्म को सिखाता है; बताता है कि क्या करना है। किसानों की यह बात कि यदि ''हम कर्म करना भूल जाएँगे तो अगली पीढ़ी क्या करेगी?'' सत्य है उसे यह ज्ञात ही नहीं होगा कि कर्म क्या है? वह निकम्मी, नकारा, आलसी हो जाएगी। अर्थात् कर्महीन ही रहेगी। फिर जीवन में सफलता कैसे मिलेगी?

एक सेठ के तीन पुत्र थे। सेठ वृद्ध हो चुका था। उसने सोचा कि पुत्रों की परीक्षा ली जाए की कौन कर्मशील है और कौन कर्महीन? यह सोचकर उसने उन्हें बुलाया और कुछ धन देकर कहा कि अब तुम तीनों जाओ और अलग-अलग शहर में अपनी कोठियाँ बनाओ। ठीक एक वर्ष बाद मेरे पास आना। जो सबसे अधिक कोठियाँ बनवाएगा, वही मेरे समस्त व्यापार का अधिकारी होगा। तीनों पुत्र अपना धन लेकर चले गए।

एक वर्ष पश्चात् जब वे वापस आएँ। उनके पिता ने

पूछा कि "हाँ तो किसने कितनी कोठियाँ बनवाईं?"

सबसे बड़ा पुत्र बोला कि, "पिताजी! मैं जिस शहर में गया, वहाँ पर एक नदी के किनारे जमीन लेकर मैंने वहाँ एक बढ़िया कोठी बनवाई है।"

मझला पुत्र बोला कि "पिताजी मैं जिस शहर में गया, वहाँ मैंने दो बनी बनाई कोठियाँ खरीद लीं। थोड़ी छोटी हैं लेकिन अच्छी हैं।"

अंत में सबसे छोटा पुत्र बोला कि "पिताजी मैं जिस शहर में गया, वहाँ आपके दिए गए धन से मैंने व्यापार प्रारंभ किया। आज मेरा व्यापार इतना फैल गया है कि उस शहर के हजारों लोगों का पेट उससे पल रहा है। इसलिए मैं कहें सकता हूँ कि शहर के जितने लोगों का पेट पल रहा है, मेरी उतनी ही कोठियाँ हैं।" यह सुनकर सेठ बहुत प्रसन्न हुआ।

इस कहानी में सेठ के कहने का तात्पर्य कोठियाँ बनाने से नहीं था, अपितु कर्म करने से था कि कौन कर्म करके स्वयं को सफल करता है। जो पुत्र कर्मशील था, वह अपने पिता की बात को समझ गया और विचार करके कर्म किया। दोनों पुत्र विवेकहीन थे, उन्होंने पिता की बात पर मंथन नहीं किया और कोठियाँ बनवा आए।

विनोबा भावे के अनुसार—

- *"कर्म करने वाला जीने का अधिकारी बनता है। जो कर्म-निष्ठा छोड़कर भोगवृत्ति रखता है, वह मृत्यु का अधिकारी बनता है।"*

कर्म के नियम से मनुष्य को भयभीत नहीं होना चाहिए। फिर भी मनुष्य इतना कमजोर है कि कर्म के परिणाम सहन करने के लिए वह कितनी ही बार तैयार नहीं होता। वह गलत काम तो कर लेता है, परंतु गलत काम का परिणाम भोगने की ताकत उसमें नहीं होती। इसलिए क्षमा की अपेक्षा होती है। जैसे कि बच्चा माँ से क्षमा की अपेक्षा रखता है, वैसे ही भक्त ईश्वर से। कर्म मार्ग से भक्ति मार्ग की यही विशेषता है कि इसमें क्षमा की आशा होती है।

अतः जीने का अधिकार किसे है, जो कर्म करता है, क्योंकि उसका कर्म उसे तो सफल करता ही है साथ ही वह दूसरों को भी उससे लाभान्वित करता है। जब कि जो कर्म नहीं करता वह स्वयं तो धरती पर बोझ है ही फिर वह दूसरों के लिए क्या करेगा? क्या प्रेरणा देगा? अतः वह जीवन का अधिकारी नहीं है।

कवि सुब्रमण्यम भारती के अनुसार—

- *"विधि का यह सर्वविदित विधान है, कर्म करोगे तो विजय निश्चित है।"*

मनुष्य अपनी इच्छाओं की पूर्ति कैसे करे? कर्म करके; क्योंकि जब मनुष्य कुछ इच्छाएँ पालता है तो उन्हें किस प्रकार पूरा करता है? अपने प्रयास से, प्रयत्न से। प्रयत्न किस प्रकार? कि कर्म से। कर्म करके वह उस लक्ष्य को, उन इच्छाओं को प्राप्त कर सकता है।

तुलसीदास जी ने कहा है—

"सकल पदारथ या जग माहीं,
करम हीन नर पावत नाहीं।"

अतः कर्महीन मनुष्य इस संसार से कुछ प्राप्त नहीं कर सकता; जब तक कि वह कर्म की महत्ता को न समझे।

इस तरह मनुष्य इन गुणों का विकास कर जीवन में सफलता प्राप्त कर सकता है।

मनुष्य इन गुणों को स्वतः ही स्वयं में विकसित कर सकता है। इन गुणों को विकसित करने के लिए न तो कोई औषधि है और न ही कोई शिक्षण केद्र। और यदि शिक्षण केद्र हैं भी तो वे आपको आत्मविश्वासी, आंतरिक शक्ति से भरपूर, कर्मशील, दृढ़ निश्चयी आदि नहीं बना सकते हैं, क्योंकि जब तक मनुष्य स्वयं अपने प्रति ईमानदार होकर नहीं सोचेगा कि वह ये गुण कैसे विकसित करे, तब तक उसमें इन गुणों का विकास नहीं हो सकता।

मनुष्य स्वयं प्रयास करे, कार्य करे; इससे उसका आत्मविश्वास बढ़ेगा। वह कर्म के प्रति दृढ़ निश्चयी बनेगा, अनुशासन में रहेगा।

दूसरों से प्रेरणा लें। कार्य करने से पूर्व चिंतन, मनन, विचार करे। अपने जीवन के सिद्धांत बनाएँ, मन में परोपकार की भावना जगाएँ।

भगवान् श्रीकृष्ण ने गीता में कर्म करने की शिक्षा दी है। अर्जुन का अपने प्रियजन को देखकर धनुष-बाण रखने पर श्रीकृष्ण ने उन्हें कर्म करने की शिक्षा दी। अर्जुन का मोह भंग किया। श्रीकृष्ण ने गीता का उपदेश दिया और कर्म करके फल की इच्छा न करने का उपदेश दिया।

श्रीकृष्ण ने अर्जुन से कहा—

"न हि कश्चित्क्षणमपि जातु तिष्ठत्यकर्मकृत्।
कार्यते ह्यवशः कर्म सर्वः प्रकृतिजैर्गुणैः।" [3/5]

अर्थात् सब मनुष्य प्रकृति के गुणों की प्रेरणा के अनुसार कर्म करते हैं। इसलिए कोई भी क्षणमात्र के लिए भी कर्म किए बिना नहीं रह सकता।

अर्थात् कर्म आवश्यक है और मनुष्य कर्म करता ही है, चाहे किसी भी प्रकार से करे। यही प्रकृति का नियम है। इसके विपरीत जो मनुष्य प्रकृति के विरुद्ध कर्म करता

है अर्थात् वह जो कर्म ही नहीं करता है, उसके लिए भगवान श्रीकृष्ण ने गीता में कहा है—

> "कर्मेन्द्रियाणि संयम्य य आस्ते मनसा स्मरन्।
> इंद्रियार्थान्विमूढ़ात्मा मिथ्याचारः स उच्यते।।" [3/6]

अर्थात् जो मनुष्य कर्मेंद्रियों का हठ से दमन करके मन से इंद्रिय विषयों का चिंतन करता है, वह निःसंदेह स्वयं को भ्रम में डालता है और मिथ्याचारी कहलाता है। अर्थात् वह मनुष्य तो कामचोर, कपटी होता है। वह कर्म करता ही नहीं है। वह अपनी इंद्रियों को वश में नहीं रख पाता, बल्कि इंद्रियों के वश में रहता है और उन्हीं के अनुसार कार्य करता है। ऐसे मनुष्य ढोंगी, पाखंडी होते हैं, वे गलत मार्ग ही चुनते हैं और जीवन में सफल नहीं होते।

श्रेष्ठ मनुष्य कौन है? जो इंद्रियों को वश में करके कर्म करे।

> "यस्त्विन्द्रियाणि मनसा नियम्यारभतेऽर्जुन।
> कर्मेन्द्रियैः कर्मयोगमसक्तः स विशिष्यते।।" [3/7]

अर्थात् जो मनुष्य मन द्वारा इंद्रियों को वश में करके अनासक्त भाव से कर्मेंद्रियों द्वारा भक्तिभाव से कर्म करता है, वह अति श्रेष्ठ है।

इस प्रकार कर्म करनेवाले मनुष्य इंद्रियों को वश में रखते हैं और उनके कहने पर न चलकर इंद्रियों को स्वयं की इच्छा के अनुसार चलाते हैं। इस प्रकार के मनुष्य के कर्म उन पाखंडी, कपटी मनुष्यों के कर्मों से श्रेष्ठ हैं जो लोगों को ठगने का कार्य करते हैं।

अतः कर्म भी वही कर्म है जो स्वयं को तो सफल बनाए, साथ ही दूसरों को भी लाभान्वित करे। और वही कर्म सफल भी होता है।

''तस्मादसक्तः सततं कार्यं कर्म समाचर।
असक्तो ह्याचरन्कर्म परमाप्नोति पूरुषः।।'' [3/19]

अर्थात् कर्मफल में अनासक्त भाव से कर्तव्य की भाँति कर्म करना चाहिए, क्योंकि अनासक्त होकर कर्म परम लक्ष्य की प्राप्ति कराने वाला होता है।

अतः जो मनुष्य कर्म को अपना कर्तव्य समझकर करता है, वही कर्म उसे परम लक्ष्य प्राप्त कराता है। मनुष्य को सफलता देता है। इसलिए कर्म को कर्तव्य समझकर कर्मानुसार करें। इस प्रकार किया गया कार्य मनुष्य को अन्य मनुष्यों से अलग करता है, भीड़ से अलग।

जीवन-लक्ष्य

कठिनाइयों से रीता जीवन
मेरे लिए नहीं,
नहीं, मेरे तूफानी मन को यह स्वीकार नहीं।
मुझे तो चाहिए एक महान् ऊँचा लक्ष्य
और उसके लिए उम्र भर संघर्षों का अटूट क्रम।
ओ कला! तू खोल
मानवता की धरोहर, अपने अमूल्य कोषों के द्वार
मेरे लिए खोल!
अपनी प्रज्ञा और संवेगों के आलिंगन में
अखिल विश्व को बाँध लूँगा मैं!
आओ,
हम बीहड़ और कठिन सुदूर यात्रा पर चलें
आओ, क्योंकि—
छिछला, निरुद्देश्य और लक्ष्य ही जीवन
हमें स्वीकार नहीं।
हम, ऊँघते कलम घिसते हुए
उत्पीड़न और लाचारी में नहीं जिएँगे।
हम—आकांक्षा, आक्रोश, आवेग, और
अभिमान में जिय
असली इनसान की तरह जिएँगे।

छोटे-छोटे लक्ष्य

• *"अगर जीवन में मेरा कोई लक्ष्य नहीं है तब मैं इस विश्व के लिए व्यर्थ हूँ।"*

—कार्ल मार्क्स

कुछ लोग अपने लिए एक बड़ा लक्ष्य तय करते हैं। वे अपना ध्यान हर समय उसी पर केंद्रित रखते हैं और उसे पाने के लिए अपनी हर सुख-सुविधा का त्याग तक कर देते हैं। इनमें से कई सफल भी हो जाते हैं। अपना लक्ष्य हासिल कर उन्हें सार्थकता का अहसास होता है। लेकिन यह जीने का एक तरीका है।

ऐसे लोग ज्यादा हैं जिनका लक्ष्य बहुत दूरगामी नहीं होता। अगर होता भी है तो वे उसे लेकर ज्यादा गंभीर नहीं रहते। वे छोटे-मोटे उद्देश्य तय करते हैं और उसके लिए बहुत ज्यादा कष्ट भी नहीं उठाते। मिल गया तो मिल गया, नहीं भी मिला तो कोई गम नहीं। ऐसे लोगों के जीवन को हम निरर्थक नहीं कह सकते, क्योंकि प्रयास करने का भी अपना एक सुख है। हो सकता है छोटे-मोटे सुखों को तवज्जो देने वाले शख्स ने जीवन के विभिन्न आयामों को उस व्यक्ति से ज्यादा छुआ हो जो एक बड़े मकसद के लिए तात्कालिक अनुभवों को नजरअंदाज कर देता है। इसीलिए छोटे मकसद को लेकर चलने वाला आदमी अपने तयशुदा लक्ष्य से अकसर

ज्यादा ही हासिल करता है।

- *सफलता प्राप्त करने के लिए आवश्यक गुण है लक्ष्य।*

इस विश्व का कोई भी मनुष्य जो कि सफल है, वह इस विश्व के लिए किसी-न-किसी रूप में कुछ-न-कुछ अवश्य करता है। जीवन में सफलता प्राप्त करने के लिए व्यक्ति को अपना एक लक्ष्य निर्धारित करना आवश्यक है। निरुद्‌देश्य लोग तो इस धरती पर बोझ होते हैं, वे केवल अपना जीवन गुजारते हैं जीते नहीं हैं। उनका लक्ष्य होता है खाना, पीना और सोना अर्थात् केवल दिन बिताना।

इनके विपरीत वे व्यक्ति जो अपने जीवन का एक लक्ष्य निर्धारित करते हैं, वे ही सफलता भी प्राप्त करते हैं। साथ ही वे इस विश्व को कुछ-न-कुछ देते हैं। उदाहरण के रूप में, मान लीजिए कोई व्यक्ति शिक्षक है तो वह स्वयं के जीवनयापन के लिए शिक्षक नहीं है। वह अपना ज्ञान अन्य को बाँट रहा है। अन्य लोगों को लक्ष्य बता रहा है कि जीवन मिला है तो उसे किस प्रकार जीएँ। जो व्यक्ति सफलता प्राप्त करना चाहते हैं वे उसके लिए शिक्षा ग्रहण करते हैं। दूसरी ओर, वे निरुद्‌देश्य लोग हैं जो शिक्षा ग्रहण नहीं करते। अर्थात् एक शिक्षक तो अपना कर्तव्य निभा रहा है और अपने ज्ञान के रूप में इस विश्व को कुछ दे रहा है, लेकिन कुछ लोग ऐसे भी हैं जो उस ज्ञान को ग्रहण नहीं करना चाहते।

अपने आसपास दृष्टि डालें तो बहुत से निरुद्देश्य लोग आपको घूमते दिखाई देंगे। मेरे एक पड़ोसी हैं। मैं जब भी उनसे पूछता हूँ—"और भई, क्या चल रहा है?" तो उनका एक ही उत्तर होता है "बस तीस निकल गई, बीस बची है। वह भी गुजर जाएगी।"

उनके जीवन में कोई लक्ष्य नहीं है। केवल 'टाइम पास' अर्थात् वे जिंदगी गुजार रहे हैं।

जब कोई लक्ष्य निर्धारित किया जाता है तो स्वाभाविक है, उसे पाने के लिए कुछ बाधाएँ तो आती ही हैं, लेकिन जो इन बाधाओं पर विजय पा लेता है वही सफल होता है।

हेनरी फोर्ड के शब्दों में—

- *"बाधाएँ वे डरावनी भटकनें हैं जो लक्ष्य से भटकने पर आपके समक्ष उपस्थित होती हैं।"*

अतः जब कोई लक्ष्य निर्धारित किया जाता है तो उसे पाना प्रमुख होता है। बाधाएँ तो आती ही रहती हैं, उनसे विचलित नहीं होना चाहिए। जो व्यक्ति मार्ग में आने वाली बाधाओं से डर जाता है, वह अपने लक्ष्य को कदापि नहीं पा सकता। जिस प्रकार धनुर्धर अर्जुन को केवल चिड़िया की आँख दिखाई दे रही थी, उसी प्रकार सफलता प्राप्त करने के लिए अपने द्वारा निर्धारित लक्ष्य को प्राप्त करने के लिए अपनी दृष्टि केवल अपने लक्ष्य पर केंद्रित रखनी चाहिए।

आपकी सफलता से ईर्ष्या करने वाले आपकी बाधाएँ बन सकते हैं, वे आपको दिग्भ्रमित कर सकते हैं।

मान लीजिए किसी को नई दिल्ली से मुंबई जाना है तो वह मुंबई का टिकट लेकर ट्रेन में बैठता है। तत्पश्चात् वह मुंबई पहुँचकर वहाँ उतर जाता है। मार्ग में पड़ने वाले अन्य स्टेशन जैसे आगरा, झाँसी, भोपाल, इटारसी आदि स्थानों पर वह नहीं उतरा, क्यों? क्योंकि उसका लक्ष्य मुंबई था। इसी प्रकार जब लक्ष्य ज्ञात हो तो हम उसके लिए ही प्रयास करेंगे न कि इधर-उधर भटकेंगे। इसलिए जीवन का एक लक्ष्य होना चाहिए और उस लक्ष्य की पूर्ति सफलता है।

प्रत्येक छोटे-छोटे, अच्छे-बुरे कार्य के पीछे एक-न-एक लक्ष्य छिपा होता है। यदि कोई व्यक्ति कहीं बैठा है अथवा कहीं खड़ा है तो उसका कोई लक्ष्य नहीं है। लेकिन यदि वह उस स्थान से उठा अथवा उसने खड़े होने के स्थान से अपना एक कदम बढ़ाया तो एक लक्ष्य के लिए, कुछ करने के लिए यदि कोई अच्छा कार्य किया, लक्ष्य को निर्धारित कर किसी को मारा-पीटा, उसकी हत्या की तो भी एक लक्ष्य के लिए। अर्थात् बिना लक्ष्य कोई कार्य नहीं होता।

लक्ष्य निश्चित करने का अर्थ यह नहीं है कि आपने अपना इसे निश्चित किया और आपका काम समाप्त। लक्ष्य निश्चित करने के पश्चात् उसे प्राप्त करने अर्थात् उसे पाने

में अनेक बाधाएँ आ सकती हैं। उन बाधाओं को पार कर अपना लक्ष्य, प्राप्त करना सफलता है। यह तो निश्चित है कि सफलता के मार्ग में बाधाएँ आती हैं, परंतु उनसे घबराए बिना उनको धैर्यपूर्वक पार करना आत्मविश्वास है, जो मनुष्य को लक्ष्य तक पहुँचाता है।

एक बच्चा जब चलना सीखता है तो वह कई बार गिरता है, फिर उठकर चलता है। और इस प्रकार वह चलना सीख जाता है। क्योंकि उसमें खड़ा होने के लिए आत्मविश्वास जागता जाता है और वह सफल होता है।

लोगों को सफल होते देख कई लोग उन्हें उनके लक्ष्य से भटकाने का प्रयास करते हैं, उन्हें हतोत्साहित करते हैं, लेकिन अपने लक्ष्य पर अटल रहनेवाले व्यक्ति ध्रुव तारे के समान सबके लिए प्रेरणास्रोत बनते हैं।

मान लीजिए आप मिठाई खाना चाहते हैं आपने यह निश्चित कर लिया। अर्थात् आपने लक्ष्य अथवा लक्ष्य निश्चित कर लिया कि 'मुझे रसगुल्ले खाने हैं।' अब इस लक्ष्य की प्राप्ति के लिए आप बाजार जाएँगे अथवा रसगुल्ले घर पर बनाएँगे फिर खाएँगे। तो लक्ष्य पूर्ति के लिए आपको कुछ-न-कुछ तो कार्य करना ही पड़ा, तब ही आप रसगुल्ले खा पाएँगे अथवा केवल यह निर्धारित कर लें कि रसगुल्ले खाने हैं और उसके लिए प्रयास नहीं करें तो आपका लक्ष्य अर्थात्

रसगुल्ले आपके निकट चलकर नहीं आएँगे, प्रयास करना ही होगा। और यदि कोई आपको लाकर खिला दे तो वह अस्थाइ सफलता है। इसी प्रकार, बिना प्रयास किसी अन्य की सहायता से मिला लक्ष्य अस्थायी सफलता है।'

इस प्रकार प्राप्त किया लक्ष्य आपको अपने कार्य से विरक्त कर सकता है, आपको भटका सकता है। फिर आपको उसी प्रकार की आदत हो जाएगी। आप दूसरों पर निर्भर हो जाएँगे।

सफलता प्राप्त करने के लिए स्वयं ही प्रयास करें।

लक्ष्य पर दृष्टि और मन में आत्मविश्वास

4 जुलाई, 1952 को फ्लोरेंस चैडविक कैटेलिना चैनल को तैरकर पार करने वाली पहली महिला बनने जा रही थी। इंगलिश चैनल पर वह पहले ही विजय प्राप्त कर चुकी थी। पूरी दुनिया इस करिश्मे को देख रही थी।

हड्डियाँ जमा देने वाले ठंडे पानी में कोहरे को चीरती हुई फ्लोरेंस आगे बढ़ रही थी। वहाँ शार्कों का खतरा भी था। फ्लोरेंस ने कई बार दूर तट देखने के लिए कोशिश की, लेकिन घने कोहरे के कारण उसे कुछ दिखाई न दिया।

फ्लोरेंस ने हार मान ली। बाद में उसे यह जानकार बड़ा दुःख हुआ कि वह सागर तट से सिर्फ आधा मील दूर थी।

फ्लोरेंस ने हार इसलिए नहीं मानी कि वह वाकई तैरते-तैरते थक गई थी, बल्कि इसलिए कि उसे अपना लक्ष्य नहीं दिख रहा था।

इस बात को लेकर फ्लोरेंस ने कोई बहाना नहीं बनाया। उसने कहा, ''मैं झूठ नहीं बोलूँगी। यदि मुझे जमीन धुँधली सी भी दिख जाती तो मैं तैर गई होती।''

दो महीने बाद वह वापस कैटेलिना चैनल की ओर आई। इस बार पहले से भी बुरे मौसम के बावजूद उसने न केवल चैनल को पार करनेवाली पहली महिला बनने का खिताब पाया, बल्कि पुरुषों के रिकॉर्ड को भी दो घंटे के बड़े अंतर से पीछे कर दिया।

तू धीर धर हे वीर वर, उस तीर से मैंने कहा!
बस छूट पड़ने दो अजी, मुझसे नहीं जाता रहा।
जाता रहा, तो काम से ही, जान ले जाता रहा,
छूटा कि छूटा, और हो होकर टूक ठुकराता रहा।
मैदान में है सीख तू, बाजी लड़ाना सूर का।
पीछे खिचा भरपूर, बस मारा निशाना दूर का।

—माखनलाल चतुर्वेदी

चुनौतियाँ और लक्ष्य

चुनौतियाँ और लक्ष्य आलसी और निकम्मे मस्तिष्क में

वे गुण और शक्तियाँ पैदा कर देते हैं, जिनके विषय में कभी किसी ने सोचा भी नहीं था। बहुत सारे लोग अपने आपको तब तक पहचान ही नहीं सके जब तक उनका सबकुछ नष्ट नहीं हो गया हो। कठिनाइयों ने उन्हें इसलिए निर्वस्त्र किया है कि वे स्वयं को पहचान सके। बाधाएँ और कठिनाइयाँ ऐसी छेनी और हथौड़े हैं, जो शक्तिशाली जीवन को सौंदर्य प्रदान करते हैं। सफलता के लिए आवश्यक है कि व्यक्ति अपने मस्तिष्क की संपूर्ण क्षमताओं को उसी गुण पर केंद्रित कर दे। एक आदमी जिसके पास केवल एक ही गुण है—यदि वह अपनी सारी क्षमताओं को उसी गुण पर केंद्रित कर दे, तो उस व्यक्ति से अधिक सफल हो सकता है, जिसके पास गुण तो हैं, लेकिन एकाग्रता नहीं है। एकल लक्ष्य वाले व्यक्ति का मजाक उड़ना एक फैशन सा बन गया है, जबकि वे सारे लोग एकल लक्ष्य वाले ही थे, जिन्होंने दुनिया की रंगत बदल डाली। आज के विशेषज्ञता वाले युग में वह व्यक्ति अपनी छाप छोड़ ही नहीं सकता, जिसका विचार एक न हो, जिसका एक सर्वोच्च लक्ष्य न हो—जिसकी महत्त्वाकांक्षा न हो।

अपने लक्ष्य पर स्थिर रहें। व्यवसाय में बार-बार बदलाव सफलता के लिए बेहद घातक है। मान लीजिए, एक नवयुवक ने पाँच-छह साल तक मेवे का कारोबार किया है। इतने समय

के बाद वह महसूस करता है कि उसके लिए परचून का कारोबार ज्यादा उपयुक्त है और वह मेवे का कारोबार छोड़कर परचून के व्यापार में लग जाता है। यानी वह अपने पाँच-छह साल के अनुभव को बेकार कर देता है। इस प्रकार वह अपना व्यवसाय बदलकर अपने जीवन का बड़ा हिस्सा यूँ ही गँवा देता है। वह कई व्यवसायों के बारे में थोड़ी-थोड़ी जानकारी तो इकट्ठी कर लेता है, लेकिन पारंगत किसी एक में भी नहीं हो पाता।

- *जीवन में निश्चित लक्ष्य निर्धारित करें और आगे बढ़कर सफलता पाएँ।*

मिनी Personality Development सीरीज

लक्ष्य एक छोटा सा बिंदु है, जिसके केंद्र में जीवन की सारी सफलताओं का स्रोत मौजूद है। इस बिंदु को लक्ष्य करके हर व्यक्ति अर्जुन की भाँति चिड़िया की आँख भेद सकता है। प्रस्तुत पुस्तक 'लक्ष्य' की ओर बढ़ते और बढ़ने के जिज्ञासुओं के लिए एक गाइड के रूप में काम आ सकती है।

प्रसन्नता मनुष्य का एक ऐसा गुण है, जो विपरीत परिस्थितियों में भी उसे सहज, सरल, सामान्य और रचनात्मक बनाए रखता है। तनामुक्त रहने, प्रसन्न और प्रफुल्लित रहने के व्यावहारिक सूत्र बताती एक जीवनोपयोगी पुस्तक।

नेतृत्व वही व्यक्ति कर सकता है, जिसका व्यक्तित्व प्रभावशाली हो, वाणी में आकर्षण हो, जिसकी तर्कशक्ति लोगों को लाजवाब कर दे। आपके भीतर छिपे लीडरशिप के गुणों को उभारकर सफल होने के गुर बतानेवाली पुस्तक।

दरअसल, सपने असल जिंदगी की वे योजनाएँ हैं, जिन्हें हम साकार करना चाहते हैं। आपने जो सपना देखा है, वह मूर्त रूप कैसे ले, उसके लिए क्या, क्यों और कैसे किया जाए—प्रस्तुत पुस्तक यह सब परत-दर-परत बताती है।

शिष्टाचार का जीवन में अहम स्थान है। शिष्टाचार द्वारा अनजान व्यक्ति भी समाज में सम्मान पाता है, वहीं शिष्टाचार रहित व्यक्ति परिजनों द्वारा भी दुत्कारा जाता है। प्रस्तुत पुस्तक व्यक्ति को शिष्टाचार युक्त बनाने की दिशा में अग्रसर करती है।

स्मरण-शक्ति बढ़ाने के लिए सरल सा नियम है—सरलता से उस विषय का दोहराव किया जाता रहे, फिर वह विषय स्थायी रूप से हमारे स्मृति-पटल पर दर्ज हो जाता है। स्मरण-शक्ति बढ़ाने के सरल उपाय बताती पुस्तक।

सकारात्मक सोच आदमी का वह ब्रह्मास्त्र है, जो उसके मार्ग की सभी बाधाओं को समाप्त कर सफलता का मार्ग प्रशस्त कर देता है। सकारात्मक सोच विकसित करने के सरल उपाय बताती पुस्तक।

अगर आपको ज्यादा-से-ज्यादा काम सौंपा जाता है तो यकीन मानिए, आप एक जिम्मेदार व्यक्ति हैं, क्योंकि जिम्मेदारी उसी को मिलती है, जो उन्हें निभा सकता है। सफलतापूर्वक जिम्मेदारी निभाने की क्षमता पैदा करनेवाली पुस्तक।

आत्मविश्वास वह सुरक्षा कवच है, जो हर तरह की बाधाओं के विरुद्ध आपकी रक्षा करता है, और सदैव आपको सफलता के मार्ग की ओर अग्रसर करता है। आत्मविश्वास विकसित करने की प्रेरणा देनेवाली पठनीय पुस्तक।

सफलता वह फल है, जो बहुत स्वादिष्ट है और हर कोई उसे चखना चाहता है; लेकिन यह चलकर झोली में आनेवाला फल नहीं है वरन् इस तक पहुँचने के लिए आपको कड़ी मेहनत करनी होगी। सफलता को पाने के व्यावहारिक सूत्र बताती लोकप्रिय पुस्तक।

समय-प्रबंधन में जरा भी कठिनाई नहीं है, प्रत्येक कार्य अपने तय वक्त पर किया जाए—समय पर सोकर उठना, नहाना, खाना, पढ़ाई, बाकी सारे काम निबटाना। जो व्यक्ति समय को नष्ट करता है, समय ही उसे नष्ट कर देता है। दरअसल, समय-प्रबंधन ही जीवन-प्रबंधन है। टाइम मैनेजमेंट की बेजोड़ पुस्तक।

इच्छाशक्ति मनुष्य की वह अप्रतिम शक्ति है, जो पहाड़ों के सीने चीरकर उनमें से नदियाँ बहा सकती है। प्रस्तुत पुस्तक सोई हुई इच्छाशक्ति को जगाकर लक्ष्य-प्राप्ति, सफलता और जीवन के तमाम अभीष्ट पाने का मार्ग बताती है।